Colección LECTUR

Lecturas de Español son historias interesantes, breves y llenas de información sobre la lengua y la cultura de España e Hispanoamérica. Con ellas puedes divertirte y al mismo tiempo aumentar tus conocimientos. Existen seis niveles de lecturas (elemental I y II, intermedio I y II y superior I y II), así que te resultará fácil seleccionar una historia adecuada para ti.

En *Lecturas de Español* encontrarás:
 – temas e historias variadas y originales,
 – notas de cultura y vocabulario,
 – ejercicios interesantes sobre la gramática y las notas de cada lectura,
 – la posibilidad de compartir tu lectura con otros estudiantes.

NIVEL SUPERIOR - I

La cucaracha

Coordinadores de la colección:
Abel A. Murcia Soriano (Instituto Cervantes. Cracovia)
José Luis Ocasar Ariza (Universidad Complutense de Madrid)

Autor del texto:
Raquel Romero Guillemas
Explotación didáctica:
Abel A. Murcia Soriano
José Luis Ocasar Ariza
Maquetación:
Juanjo López
Ilustraciones:
Raúl Martín
Carlos Yllana
Diseño de la cubierta:
David Prieto
Diseño de la colección:
Antonio Arias Manjarín

Editorial Edinumen
José Celestino Mutis, 4
28028 - Madrid (España)
Teléfono: 91 308 51 42
Fax: 91 319 93 09
E-mail: edinumen@edinumen.es

Imprime: Gráficas Glodami. Coslada (Madrid)

La cucaracha

Raquel Romero Guillemas

ANTES DE EMPEZAR A LEER

1. ¿Cuántos insectos conoces en español? Aquí tienes una lista de insectos y una serie de dibujos representando esos insectos. Relaciona cada insecto con su dibujo. Las letras te pueden ayudar.

- escarabajo
- mariposa
- mosca
- abeja

- hormiga
- libélula
- mantis religiosa
- cucaracha

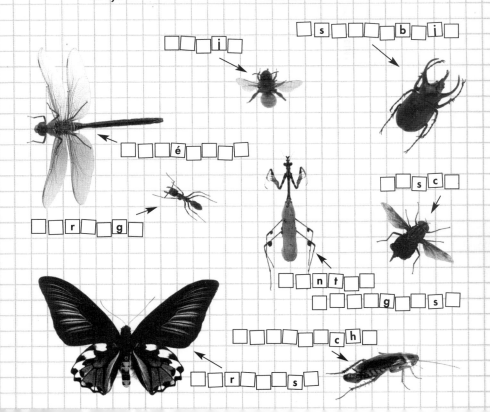

2. No todos estos insectos aparecen en la letra de alguna canción. Sin embargo, la cucaracha sí. Seguro que has oído alguna vez el estribillo.

La cucaracha, la cucaracha, ya no puede caminar.
Porque le faltan, porque no tiene las dos patitas de atrás...

La letra de esta canción puede resultar un poco cruel. Son muchos los países en los que los animales son maltratados de alguna manera. Haz una lista de todos aquellos comportamientos con respecto a los animales, en cualquier lugar del mundo, que merezcan tu rechazo. Comenta con tus compañeros cuáles son y por qué te parecen criticables. ¿Qué medidas tomarías para evitar esos comportamientos?

3. La ilustración que aparece en la cubierta está, lógicamente, relacionada con el contenido de la historia. ¿Qué puede significar para ti? Comprueba al final de la historia si tu hipótesis coincide con la realidad.

4. Si conoces la novela de Kafka *La metamorfosis* seguro que tienes una idea clara de cómo podría sentirse un ser humano que se despertara un día convertido en un insecto. ¿Qué te parecería lo más horrible de una situación así? Toma nota de 5 cosas y coméntalas con tus compañeros.

1. ....

2. ....

3. ....

4. ....

5. ....

5. En algunas lenguas utilizamos algunos animales para hablar de ciertas características humanas. Fíjate en el ejemplo:

Juan está hecho un toro. ⟶ *Juan tiene un aspecto fuerte, sano...*

A continuación tienes una serie de animales y una serie de características. Relaciónalos y comprueba después en un diccionario mononolingüe (o consúltalo con tu profesor) si tus hipótesis son ciertas en español.

1. Hormiga •		• **a.** sucio
2. Cucaracha •		• **b.** trabajador
3. Vaca •		• **c.** hábil
4. Gallina •		• **d.** gracioso
5. Caballo •		• **e.** repugnante
6. Gusano •		• **f.** gordo
7. Tigre •		• **g.** cobarde
8. Mono •		• **h.** idiota
9. Besugo •		• **i.** insignificante
10. Cerdo •		• **j.** noble

¿Hay en tu lengua relaciones de este tipo? Tradúcelas literalmente y después intenta encontrar, con ayuda de tus compañeros, de tu diccionario o de tu profesor un equivalente en español para expresar el significado que tiene en tu lengua.

6. En la imagen de cubierta aparece uno de los grandes "rituales" del día en muchas culturas: tomarse un café. A continuación tienes una serie de horas. Sitúa, en aquellas que coincidan con tus horarios, tus "rituales" personales.

06.00 ....

07.00 ....

08.00 ....

09.00 ....

10.00 ....

11.00 ....

12.00 ....

13.00 ....

14.00 ....

15.00 ....

16.00 ....

17.00 ....

18.00 ....

19.00 ....

20.00 ....

21.00 ....

22.00 ....

23.00 ....

00.00 ....

01.00 ....

02.00 ....

03.00 ....

04.00 ....

05.00 ....

CAPÍTULO I

Recuerdo que aquella noche había dormido mal, como de costumbre. Alrededor de las 5 de la madrugada me desperté víctima de una terrible pesadilla en la que los armarios de mi cocina tomaban vida propia y lanzaban latas de comida, botes de café, tarros de azúcar, platos, cacerolas y todo cuanto se alojaba en su interior contra las paredes de blancas **baldosas** andaluzas siempre limpias y relucientes. Semejante espectáculo consiguió producirme, además de una sensación ya conocida de angustia y ansiedad, un sabor en la boca difícilmente definible.

Supe que debía levantarme rápidamente, no solo para comprobar que aquello no había sido más que un sueño, sino también, y sobre todo, para no quedarme dormido de nuevo, situación en la que corría el peligro de retomar, como en una segunda parte, aquella pavorosa y **acongojante** experiencia.

Ahora, pensando con detenimiento en aquellos terribles días, creo que una pesadilla como la que acabo de contar —y debo decir que no fue la más horrible de todas las que sufrí— no podía ser más que una señal del destino; señal que yo ignoré sin **escrúpulo** ninguno, simplemente porque nunca antes había creído en supersticiones sin fundamento.

Fríamente debo decir que, en mi estado anímico, después de haber presenciado en sueños tan horrenda batalla, soportar una nueva **escaramuza** doméstica y ver, una vez más, cómo los armarios lanzaban y escupían contra mis preciosas baldosas blancas su conteni-

baldosas: piezas de material duro para cubrir suelos o paredes.

acongojante: que da miedo o pena.

escrúpulo: arrepentimiento.

escaramuza: pelea, lucha.

do siempre ordenado y perfecto, no era posible. Por otra parte, seguir en la cama, con la incertidumbre de una rebelión en mi propia casa, tampoco era una buena idea; lo mejor que podía hacer era dirigirme a la cocina y preparar un largo, espumoso y oloroso café cuanto antes, no solo porque jamás he sido una persona completa hasta después de tomar el primero del día, sino para asegurarme, especialmente para asegurarme, de que ni una sola de mis herramientas culinarias había abandonado por voluntad propia o ajena la posición exacta y precisa que la noche anterior les había dado personalmente. Sin embargo, aquella precipitada decisión, derivada de la **imperiosa** necesidad de restablecer un orden que podía no haberse descompuesto jamás, me sumió en una profunda reflexión. Por un lado, levantarme implicaba aceptar que uno de los peores sueños que cualquier individuo podía concebir tenía la capacidad de convertirse en una realidad exterior e independiente, tanto en un sentido temporal como espacial; lo que en términos prácticos significaba admitir que mi pesadilla **andaría a su antojo** por el mundo y, lo que era más grave aún, duraría un tiempo cuyos límites estarían sólo determinados por su propia voluntad.

Una vez conseguí rechazar esta **descabellada** idea, levantarme no tenía más sentido que el de resolver una necesidad física de dependencia, cuestión que me molestaba profundamente porque, hasta aquel momento, jamás mis instintos o mi naturaleza animal habían entrado en conflicto con el sentido común y la razón para interrumpir el ordenado transcurso de mi vida, siempre regida —debo puntualizar— por la sabia mano de la voluntad racional y el afán de superación personal.

imperiosa: fuerte, necesaria.

andar a su antojo: ir por el mundo con voluntad propia.

descabellada: loca, sin razón ni lógica.

Una situación tan compleja y delicada como aquella en la que me hallaba requería una solución racional, fría, urgente: no podía ni siquiera pensar en la posibilidad de reaccionar llevado por el instinto de restablecer el orden destruido en mi sueño e hipotéticamente en la realidad; pero tampoco podía imaginar siquiera que el deseo incontrolado de tomar una humeante, sabrosa y reconfortante taza de café, iba a ser el motor de mis acciones inmediatas. Sin ningún género de dudas me hallaba ante un dilema trascendental: saltar de la cama **como alma que lleva el diablo** admitiendo la autonomía de los sueños y mi dependencia enfermiza de la cafeína; o permanecer bajo las sábanas como en un oasis de paz, ignorando la selva en la que podía haberse convertido mi casa. Verdaderamente aquello era un contratiempo, un reto a mi inteligencia y a la disciplina, en las que siempre he creído; tanto es así que, por aquel entonces, ya las había convertido en las dos únicas metas importantes en mi vida. Verdaderamente creo, desde la perspectiva que me proporciona el tiempo, que en semejante **trance** lo que realmente me importaba, es decir, lo que en realidad intentaba hacer, era encontrar el modo más adecuado (sin **perder de vista** ni un solo instante que el hombre es un ser —me repugna enormemente utilizar el término animal— racional) para justificar mi comportamiento inmediato; y, para tomar la decisión adecuada, antes debía decidir qué era lo más importante: la voluntad o el placer; la disciplina racional y el orden lógico, o el deseo irracional y el instinto primitivo. Conociéndome estaba claro que debía haber sido la voluntad, pero desde hacía algún tiempo, debo confesarlo abiertamente antes de continuar, yo ya no era la misma persona; una parte de aquel individuo

como alma que lleva el diablo: a toda prisa.

trance: situación muy comprometida.

perder de vista: aquí, olvidar.

tomar las riendas de: tomar la responsabilidad y la iniciativa en una determinada situación.

confabularse: aliarse varias personas o circunstancias en contra de alguien o algo.

exuberante: frondoso, rico, lleno de hojas.

drástica: tajante, terminante, decidida.

que fui creando durante algunos meses de duros trabajos y de espartana disciplina, había desaparecido; y no podía recordar exactamente cuándo, aunque sé que parte de la culpa la tuvo Katy, así que, un cálculo rápido..., y alrededor de 3 meses. Sí, concretamente desde que Katy había decidido **tomar las riendas de** su vida alejándose de mí, empujada, siempre según ella, por mi carácter neurótico, obsesivo e hipocondríaco, todo había cambiado.

Desde hacía tres largos meses estaba solo y parecía que el cosmos al completo, en tan breve espacio de tiempo, se había **confabulado** contra mí, y aunque yo intentaba evitar las situaciones comprometidas, posiblemente para no poner a prueba mi relación con el universo, el mundo entero me atacaba en las formas más extrañas e inverosímiles. Tanto es así que incluso mi precioso ficus, regalo de una de mis innumerables pacientes, agradecida por mis cuidados profesionales, un ejemplar **exuberante** de la variedad benjamina, compañero en las adversidades durante algunos años y destinatario habitual de mis más hondos pensamientos, había tomado la **drástica** y despiadada decisión de abandonarme, así que, también despiadadamente, se dejó morir durante las últimas vacaciones, regando de hojas amarillentas, mustias y secas, el salón de mi apartamento. Tal actitud, de una crueldad sin límites para conmigo, pues había cuidado escrupulosamente de su salud, de su alimentación y de su higiene vegetal, sin obtener a cambio más que la desconsideración y el desorden; tal actitud, decía, consiguió hacerme sentir culpable de su particular tragedia vegetal, y me obligó a permanecer durante tres interminables semanas en cama víctima de un persistente ataque de hipo, producido por el impacto que supuso una visión tan espantosa. Naturalmente no fue más que la punta del iceberg de una casi interminable cadena de consecuencias que culminaron en la más nefasta experiencia que jamás puede imaginar un ser humano: una desconsolada y temible depresión.

Pues bien, desde el preciso instante en que observé y verifiqué la existencia de una confabulación en contra de mi particular persona, empecé a desarrollar una especie de respuesta voluntaria, dirigida a protegerme de no sé muy bien qué extrañas fuerzas exteriores, según la cual ante determinadas circunstancias o en momentos precisos, no siempre, ¡por supuesto!, debía actuar en contra de la que habría sido mi reacción habitual. Seguramente con la insensata pretensión de burlar alguna de las innumerables e inesperadas **jugarretas** del destino.

Aquella mañana empezaba con una prueba más: ¿sería la definitiva?, ¿finalmente el instinto iba a imponerse a la voluntad, o un día más saldría vencedor el hombre racional, frío y meticuloso que desde mi más tierna infancia había querido ser? Se me llenan los ojos de lágrimas, también soy un sentimental, cuando pienso que por aquellos tiempos yo ya no era el hombre que en un tiempo había querido y conseguido ser. Todas las mañanas, no solamente aquella en particular, se había instalado en mi vida un nuevo vicio innombrable contra el que también debía luchar aunque mis fuerzas habían empezado a **flaquear** desde hacía exactamente tres meses. Saborear el solitario placer de **retozar** entre las sábanas, robando algunos minutos al despertador, se había convertido en una necesidad: el día entero parecía depender de aquella insana y peligrosa costumbre de la que no me siento

jugarreta: trampa, traición.

flaquear: debilitarse, perder fuerza.

retozar: juguetear, moverse con cierto placer.

sin orden ni concierto: desordenadamente.

atar de pies y manos: impedir el movimiento a alguien.

ni me he sentido jamás orgulloso. Saltar de la cama como un loco, correr hacia el baño, sorber un café recalentado y medio frío, mancharse la camisa, bajar corriendo las escaleras con los papeles entre las manos **sin orden ni concierto**, eran la oscura premonición de una jornada desastrosa.

Cada vez que perdía el control y el reloj me empujaba escaleras abajo convirtiéndose en mi perseguidor, situación que venía repitiéndose con demasiada frecuencia, me sentía un ser infeliz, una especie de desamparado liliputiense perdido en mitad de ninguna parte; aquella era la verdadera y única cara de la desgracia cotidiana.

Así que, como **atado de pies y manos**, permanecí algún tiempo inmóvil entre las sábanas, intentando tomar las riendas de mi vida al mismo tiempo que luchaba por poner mentalmente mis pies en el suelo para tomar el primer contacto con la realidad: ¿aquél debía ser un día especial?, ¿era domingo?, ¿quizá alguien me esperaba en la oficina?, ¿la lavadora había decidido alegrarme el día derramando el agua sucia y jabonosa del primer lavado por todo el piso?, ¿tal vez a mi lado había alguien para quien debía inventar una buena excusa o una frase genial? «¡Mm, es muy tarde! ¡Lo siento! –mentiría–. Tengo una reunión muy importante. Uno de estos días te llamo y cenamos juntos, tomamos unas copas,... ya sabes. (Dos besos de compromiso) ¡Adiós!»

Era demasiado trabajo para una mente que no había descansado el tiempo necesario, y para un cuerpo que había librado ya la primera batalla de la jornada, así que decidí levantarme de una vez y empezar una nueva, larga, fatigosa e inacabable jornada laboral.

CAPÍTULO II

No parecía darme cuenta de las señales que insistían en mostrarse ante mí, así que estaba seguro de que aquel iba a ser un día más, ni mejor ni peor que cualquiera de los que formaban parte de mi agitada historia reciente. El futuro se presentaba como una sucesiva reiteración de actos ya realizados, discursos pronunciados en algún momento y sonrisas ya forzadas anteriormente, pero había algo, no sé muy bien qué, que me decía que aquel acabaría siendo un día memorable. Aparentemente no había motivo alguno para sospechar, excepto la pesadilla que me despertó sin ninguna consideración; por lo demás, aquel había de ser un día más de invierno, con sus estúpidos e insalvables problemas cotidianos. Naturalmente encontraría manchas de café en las viejas mesas del café de la esquina en el que solía desayunar; vería el mismo cielo gris y opaco que, mezclado con el humo y la polución, cubre inevitablemente la ciudad con una triste y repugnante **capa de polvo**; no faltarían, por supuesto, las manos grandes y redondas, siempre mal lavadas, con uñas rojas, largas y curvadas, como las de un **ave de rapiña**, de mi secretaria; y, un día más, ineludiblemente, debería luchar **enconadamente** contra los restos de comida parapetados en las bocas anónimas de mis pacientes.

Encendí la luz, observé que el mundo seguía en el mismo lugar en el que lo había dejado la noche anterior, reflexioné durante algunos minutos, nunca más

capa de polvo: película de polvo.

ave de rapiña: familiarmente, persona que se apodera con astucia de lo que no es suyo.
enconadamente: violentamente.

de tres o cuatro, acerca del placer de permanecer entre las sábanas robando tiempo al día, y salté de la cama, impulsado por la necesidad estricta e inevitable de iniciar el duro proceso de transformación que conseguía llevar al primitivo y despeinado ser que salía medio encorvado del lecho, hasta el hombre **erguido**, **pulcro** y descuidadamente elegante que debía presentarse ante el mundo.

Naturalmente me dirigí a la cocina para poner en marcha la cafetera que la noche anterior había dejado ya preparada. Se trataba, y se trata, porque aún conservo aquella inteligente costumbre, de uno de los pocos actos cotidianos que consigue restablecer mi contacto con el pasado recordándome que sigo siendo el mismo de ayer. Al final del proceso, más o menos complejo, de hacer pasar el agua caliente y cristalina a través del café molido, para convertirla en oscuro y delicioso café, yo tenía la certeza absoluta de que existía una conexión real entre el pasado y el presente, no sólo porque el correcto desarrollo de los hechos **daba fe** de mi existencia anterior, sino porque también, y al mismo tiempo, verificaba mi permanencia en este mundo, algo de lo que normalmente estaba seguro, aunque de vez en cuando no venía mal recordarlo. En efecto, colocar en posición ON el botón luminoso de la cafetera, era uno de los actos más sencillos y productivos que realizaba todos los días sin excepción; de tan poco esfuerzo obtenía un beneficio inmediato y tangible: el café, principio y fin que daba sentido completo tanto al proceso como a su ejecución, al tiempo que llenaba la casa entera de un olor especial a mañanas recién estrenadas, y que parecía unirse estrechamente a aquel otro aroma, también ligado a cada nue-

erguido: recto, derecho.
pulcro: limpio.

dar fe: testificar, certificar la verdad de algo.

va mañana, del cuerpo limpio, fresco y recién lavado.

Se me ocurre, así **a vuelapluma**, que, con toda probabilidad, estas dos fragancias almacenadas en mi mente y, por qué no, en la de otros muchos seres humanos, son esencias tan profundamente relacionadas entre sí que parecen **carecer** de identidad individual. O lo que es lo mismo, que se necesitan la una a la otra para completar sus respectivos significados y valores. Si sigo con el razonamiento podré llegar a una conclusión, sin cometer errores de método, según la cual no solo las personas son el resultado de su individualidad más las circunstancias en las que se desarrolla su vida: también las cosas, e incluso los olores, se someten a las caprichosas leyes del azar para adquirir su identidad. Creo que podría tratar de poner en orden este pensamiento, aunque no estoy muy seguro de hallarme en el momento y el lugar adecuados para ello. Tengo la intención de escribir, si algún día mi vida vuelve a la normalidad, un tratado de filosofía y **casuística** en el que quepan esta y otras ideas igualmente inteligentes.

Empezó la batalla cotidiana. El café sabía amargo como todos los días, pero había tomado la firme decisión de no endulzar mi vida con productos que podían amargar mi salud: el consumo indiscriminado de azúcares **deteriora** el sistema inmunológico y recubre nuestros músculos de una repugnante capa de grasas, viscosa y amarillenta, que nos da el aspecto de una **ristra de chorizos** deformes. En consecuencia, no al azúcar. No podía desayunar en casa porque la tostadora formaba parte del conjunto de artilugios que Katy había decidido robarme alegando que lo había comprado ella en unos grandes almacenes durante las rebajas

a vuelapluma: escrito muy deprisa, sin esfuerzo ni meditación.

carecer: no tener.

casuística: en moral, estudio de los casos particulares.

deteriorar: estropear.

ristra de chorizos: conjunto de chorizos atados mediante una cuerda.

mes del hogar: mes en que los almacenes rebajan todos los artículos del hogar.

ensordecedor: que vuelve sordo, sonido de volumen muy alto.

loción anticaída: crecepelo, líquido para evitar la caída del pelo.
ungüento: crema.
insinuante: aquí, todavía no muy visible.
pringoso: (adjetivo) que está grasiento y pegajoso.

del **mes del hogar**, detalle que no consigo recordar con exactitud, pero que me parece muy acorde con la mezquina personalidad de mi ex-no sé qué. Algo muy distinto ocurría con el exprimidor: no, el exprimidor seguía en su lugar, ella no se lo llevó porque sencillamente no funcionaba correctamente, creo que tenía voluntad propia y decidía cuándo y cómo quería comportarse como lo que era, un primario exprimidor. Nunca he tenido ni tendré licuadora: soy incapaz de soportar el **ensordecedor** sonido que produce.

El asalto siguiente se libró en el baño. Siempre era una aventura ponerse bajo el chorro del agua porque habitualmente ocurría que estaba demasiado fría. Pero aquel día no fue así. Curiosamente al poner mi mano bajo el grifo observé con agrado que la temperatura era ideal: treinta y ocho grados, ni uno más ni uno menos, los justos para no morir, ni asado ni congelado, en la propia bañera; así que tomé posición bajo el chorro del agua, cogí el jabón y la esponja, y cuando iba a empezar a disfrutar del placer de un buen baño matinal, alguien decidió cortar el suministro de agua. ¡Indignación! Exactamente ese era el sentimiento, indignación y rabia al mismo tiempo. ¿Por qué no podía cumplir con el rito de higiene más elemental? ¿Qué iba hacer ahora? Prácticamente era la hora de salir hacia el trabajo y no podía terminar de asearme; lo malo es que tenía el pelo completamente empapado de **loción anticaída**, un **ungüento** aceitoso que desprende un olor repugnante, aunque era muy efectivo para combatir la **insinuante** calvicie que empezaba a invadir mi joven cabeza. Debía pensar con rapidez, no tenía tiempo para nada, no podía continuar en aquella situación, desnudo, con el pelo **pringoso**, las manos llenas de jabón y el grifo del agua goteando sobre mi hombro derecho, pero no podía moverme: estaba demasiado furioso. «Piensa fríamente, me dije, eres un hombre inteligente, encontrarás una salida». Y así fue. Salí de la ducha envuelto en una toalla, alcancé el peine y aplasté el pelo contra mi cabeza, aprovechando el ungüento anticaída. El resultado final no fue excesivamente malo: realmente aquel nuevo peinado me favorecía, incluso puedo decir que noté cierto parecido entre mi nuevo yo y el aspecto apetecible de algunos famosos y envidiados personajes. Hubo un pequeño problema que no pude resolver: el olor. De la loción se desprendía un **tufo apestoso** que no conseguí disimular ni siquiera con la mejor de mis colonias. Era un mal menor, seguramente –pensé con total convencimiento– nadie se dará cuenta de un detalle tan pequeño; además, las personas con las que trato habitualmente están demasiado asustadas para fijarse en estas **menudencias**.

La lucha cotidiana del hombre contra el mundo se inicia en el mismo momento en que ponemos los pies en el suelo, y no se trata de una simple escaramuza, no, todos los días hemos de enfrentarnos a una dura batalla por la supervivencia desde primeras horas de la mañana: es el precio por una vida sana y ordenada.

Salí del baño y allí estaba, preciosa, perfecta y resplandeciente; apoyada sobre el respaldo del sillón en donde descansaba plácidamente mientras me esperaba con los brazos ligeramente separados, parecía insinuar un abrazo. Fue uno de los pocos placeres que recuerdo con cierto agrado de aquel monstruoso y horrible día. Planchada y recién lavada, mi maravillosa camisa blanca, parecía el único preludio posible al pa-

tufo apestoso: olor repugnante a la vez que penetrante.

menudencias: cosas sin importancia.

tersura: sustantivo
abstracto de terso: li-
so, sin arrugas.
añorada: recordada
con cariño, echada de
menos.

insensatez: locura,
tontería.

raíso: suave, ligeramente perfumada, resplandeciente
e impecablemente colocada sobre el sillón para no dibujar ninguna arruga en su inmaculada **tersura**, ofrecía, con los brazos descuidadamente abiertos, la pro-
mesa de la **añorada** felicidad. Complementada con
un pantalón color piedra y una americana en tonos
ocres, los mismos que la corbata, además de la gabardina propia de la estación del año, resultaba perfecta.
Estaba claro que introducido en semejante vestimen-
ta, mi humilde persona debía resultar tan atractiva para el resto de mis conciudadanos como lo era para mí
mismo, incluso a pesar del pequeño incidente con la
loción para el pelo.

Recorrí uno por uno los múltiples espejos en los
que podía mirarme antes de salir a la calle, sin olvidar,
por supuesto, el que había en el ascensor —no siempre
en las mejores condiciones de higiene y pulcritud—, última etapa y última comprobación rutinaria de mi aspecto, rematada por el último retoque a mi peinado,
última mirada de aprobación, definitivo gesto afirma-
tivo con la cabeza y sonrisa de satisfacción: inspección
superada satisfactoriamente. Montar en semejante apa-
rato me parecía, incluso cuando mi vida transcurría
por los cauces normales, una **insensatez** justificada. Es
decir, es cierto que no es una conducta demasiado inteligente, siempre supone un riesgo absurdo, introducirse voluntariamente en una caja, provista de un me-
canismo desconocido y oculto, para violar las leyes de
la gravedad y desplazarse en sentido vertical; por otra
parte, pensar que la maquinaria puede fallar es poco
realista; de donde deduzco que un baño de autoestima
justifica el comportamiento irracional de meterse en
un ascensor durante un minuto para descender hasta
la calle.

CAPÍTULO III

Salí. Me sentía bien: había vencido a los elementos adversos, conseguí tomar un café decente y mi aspecto, salvando algún ligero contratiempo, era inmejorable: lanzaba contra los peatones, que me miraban con discreción y con envidia, no sólo por mi **porte** elegante y distinguido, también por el aire de felicidad y confianza que infundía, la imagen de la ansiada perfección. Seguro de mí mismo, me dirigí hacia el aparcamiento en el que se hallaba mi coche, un deportivo blanco, último modelo, con todos los detalles que un ser inteligente puede exigir a una máquina, y con un aspecto **impecable**. Por supuesto aquella maravilla de la técnica había agotado mis, ya en aquel momento, escasos ahorros convirtiéndome en uno más de entre los miles de individuos atados por una gran deuda a un trabajo, un banco, una existencia mediocre y un fin de mes de **infarto**. Lo compré hace algunos meses, justo cuando Katy dejó definitivamente mi vida, por lo que aún no había conseguido deshacerme de aquel típico gesto, un tanto estúpido, por qué no decirlo, que es el resultado de combinar una especie de sonrisa de satisfacción, propia de quien alcanza su porción de felicidad, e ingresa en el club de los privilegiados, con la expresión ridícula del arrepentimiento, que únicamente se dibuja en el rostro de quien se sabe poseedor de un vacío económico del que no va a recuperarse en mucho tiempo.

porte: figura, aspecto.

impecable: sin nada malo.

infarto: ataque al corazón.

Seguro de mí mismo, me dirigí hacia el aparcamiento en el que se hallaba mi coche, un deportivo blanco, último modelo...

Odio tener que decirlo, pero me obligó la necesidad. No fue una decisión independiente, y eso empezó a preocuparme: «¡Esto es el principio del fin!», pensé. Aquella era una más de las muchas amenazas que se asomaban a mi ordenada vida y la ponía en serio peligro: en cualquier momento por allí podía **colarse** un nuevo motivo para el cambio, y después otro y más tarde otro, y otro, ¡no quería ni pensarlo!

La consulta en la que desarrollaba mi especial talento para la limpieza dental, había cambiado su **ubicación** porque el volumen de pacientes aumentó considerablemente durante el último año. Ya no estaba al otro lado de la calle, así que ahora, para llegar hasta ella, debía tomar un autobús indescriptible, cambiar a otro no menos horrendo y, después de algunas paradas, andar alrededor de cuatrocientos metros entre el humo y la polución, subir cuatro pisos andando –el ascensor casi siempre estaba ocupado a primeras horas de la mañana–, alcanzar la tercera puerta de un interminable pasadizo y, finalmente, cruzar la sala de espera en la que se amontonaban los pacientes.

Después de dos días de imperdonable humillación y de exceso de familiaridad con mis conciudadanos, consideré, con muy buen criterio, que era un auténtico despropósito y un abuso imperdonable someter un cuerpo sano y razonablemente atractivo, como sin duda era el mío, a tan dura prueba. Decidí, por lo tanto, que la compra de un vehículo era un acto inteligente porque se trataba, en definitiva, de encontrar un sistema para conservar mi salud física y mental.

Naturalmente, antes de lanzarme a tan extraordinaria aventura había previsto, en un examen objetivo

colarse: introducirse a escondidas o sin permiso en alguna parte.

ubicación: situación.

patógeno: que puede producir una enfermedad.

quién sabe quién: persona indefinida y desconocida.

saliva: líquido que se produce en la boca.

y rigurosamente científico de la situación, que tomar un autobús suponía, en primer lugar, mezclarse con individuos de toda clase, potenciales transportadores, además, de todo tipo de organismos **patógenos**; implicaba, también, rozar objetos o personas desconocidos sin protección alguna contra las sucias bacterias que se movían libremente por todas partes; yendo un poco más lejos, el uso del transporte público brindaba la posibilidad de sentarse en lugares que habían sido ocupados por **quién sabe quién**; y, en último término, y por encima de cualquier otra consideración previa, significaba respirar el aire que decenas de personas contaminaban con terribles olores, estruendosos estornudos y repugnantes y pequeñísimas motas de **saliva** que salían de sus, previsiblemente, sucias bocas, mientras hablaban sin parar con el ocasional vecino de asiento o con aquel desconocido que se convertiría en el primer contacto humano del día.

El coche se presentaba ante mis ojos como una herramienta imprescindible no sólo por la comodidad, también por el considerable ahorro sanitario que implicaba. Evitaba así malos olores, suciedad y la incomodidad de mezclarme con gentes de cualquier condición, que era algo que me repugnaba considerablemente, sobre todo porque me sentía incapaz de diagnosticar, a primera vista, posibles enfermedades contagiosas de repercusiones impredecibles para mi salud; capacidad que, según la prestigiosa revista *Limpio y Sano*, algunas personas habían desarrollado después de años de práctica constante y disciplinada, con tal éxito que podían incluso prescribirse y suministrarse, en casos extremos y de forma automática, el fármaco preventivo más adecuado.

paradisíaco: propio del paraíso.

susurrante: en voz baja.

estrés: tensión, agobio.

aglomeración: abundancia, reunión multitudinaria.

prematura: antes del tiempo adecuado o natural.

Como todos los días, lo primero que hice al subir al coche fue poner la radio en marcha. El locutor ofrecía, entre canción y canción, seguros de automóviles a buen precio; grandes ofertas en los supermercados y viajes increíbles a lugares **paradisíacos** en donde señoritas y señores, ligeramente vestidos y suavemente recostados sobre tropicales palmeras cargadas de cocos desafiantes, se mostraban espléndidos y voluntariosos. Naturalmente eso era lo que yo pensaba cuando oía el sonido insinuante de las olas del mar y la voz dulce y **susurrante** de las exóticas sirenas cuyo único objetivo en la vida es hacer que los pobres mortales, discretamente elegantes, cultos, adinerados y guapos, pero agotados por el **estrés** de la vida cotidiana, olvidemos, de una caricia, el ejercicio siempre inútil, y siempre imprescindible, de sobrevivir en el asfalto de la ciudad.

El vendedor de periódicos voceaba su mercancía: «¡Tres mueeeeertos en un atentaaaado con coche boooomba! ¡Sube el preeecio de los carburaaantes! ¡La inflacioooooón...!» ¡Una vieja historia!, pensé. ¡Nada nuevo bajo el sol!

La ciudad ofrecía su aspecto más cotidiano y habitual: estaba llena de coches, humo y gentes de mal humor; de mal humor porque no se puede respirar a causa del humo, que, a su vez, es la consecuencia directa de la **aglomeración** de coches; conducta que se repite invariablemente y de la que sólo puede extraerse un razonamiento: o cambia la actitud de algunos incontrolados ciudadanos o acabarán condenándose a una muerte horrible causada por una úlcera de estómago **prematura** o a un infarto fulminante.

Personalmente siempre me había sentido a salvo

meticuoloso: que pone atención en los detalles.

irremisiblemente: que no se puede remediar o solucionar.

de tales peligros porque mi condición de hombre disciplinado, **meticuloso** y eficaz me impedía mantener conductas tan poco ordenadas. Sin embargo, como ser humano sujeto a las adversidades del destino y a las contingencias urbanas, en varias ocasiones me había sentido **irremisiblemente** inducido a la violencia verbal, incluso física, y contra ellas luchaba no tanto con armas psíquicas, como con elementos químicos: conducir por la ciudad me obligó a tomar ciertos fármacos, únicamente los necesarios para tranquilizarme, evitar el peligro de úlcera de estómago, controlar el ritmo cardíaco, la frecuencia en la respiración, la tensión arterial y algunos otros efectos secundarios y menos importantes del estrés.

Recuerdo con claridad que tomé mi coche para ir hasta la consulta, en el otro extremo de la ciudad. No me sentía especialmente mal: había tomado, en orden y sin olvidar ninguno, todos los fármacos que me mantenían en perfecto estado anímico y físico durante toda la jornada, así que el mundo empezaba a parecer un lugar agradable. Es cierto que los semáforos cerraban el paso cuando yo llegaba a su altura, y que los demás conductores me insultaban sin motivos aparentes si les adelantaba cerrándoles el paso, incluso recuerdo que algunos peatones se creían con derecho a interrumpir mi marcha, lo que me obligaba a realizar

esquivar: moverse para evitar chocar con otros objetos o personas.

intuir: prever, sentir algo antes de que suceda.

arriesgadas maniobras para **esquivarlos**, pero nada de todo aquello podía importarme: era un hombre feliz, elegante y tranquilo, y sobre todo era un hombre relajado. Fue entonces cuando la desgracia cayó sobre mí, en el mejor momento, cuando empezaba a **intuir** que mi día tenía remedio, que los pequeños inconvenientes que hasta el momento había sufrido eran simplemente eso, pequeños inconvenientes. De pronto, cuando menos lo esperaba, cuando parecía estar encontrando el sentido a un día que había empezado de forma trágica, en el preciso momento en que la calma artificial me invadía, el mundo entero se lanzó contra mí y toda mi vida cambió su rumbo.

asimétrico: que no tiene las dos partes de su cuerpo iguales o equilibradas.
antiestético: feo, que va contra la estética.

No olvidaré jamás la cara de aquel **asimétrico** y **antiestético** individuo que, mirándome, quedó atrapado entre dos coches. Acababa de salir de mi apartamento y me dirigía a la consulta; como siempre el semáforo que regula el cruce entre la avenida del Norte y la calle Sur se puso rojo justo en el momento en que yo pretendía pasar para desviarme a la derecha y tomar la calle Sur en dirección este. Debía parar, lo sé, así lo dice el código de circulación, pero delante de mí había un coche que consiguió cruzar la **fatídica** línea marcada por el dispositivo luminoso, y lo hizo precisamente en el intervalo que va desde el color amarillo hasta el rojo; así que, sin dudarlo ni un instante, aproveché la ocasión para ganar algunos segundos y **aceleré** situándome justo detrás de él, con tan mala suerte que algunos peatones, confiando en la protección de la luz verde, señal que les abría las puertas de una nueva calle, ya habían empezado a descender de las aceras y andaban peligrosamente por el paso de peatones.

fatídica: señalada por el destino; fatal.

acelerar: aumentar la velocidad de algo.

Entre los transeúntes se hallaba el infeliz ser asimétrico y antiestético, además de fumador, vestido con un gusto horrendo e imperdonablemente sucio, aspirante a cáncer de pulmón, a infarto, o a ambas cosas a la vez, que para sujetar el cigarrillo en la boca y las bolsas de la compra en las manos, y mostrar al mismo tiempo el horror de verse convertido en el relleno de un sandwich automovilístico, **componía una mueca**

componer una mueca: hacer un gesto con la cara.

colilla: resto del cigarrillo después de fumado.

esparcido: caído y desparramado por el suelo.

grotesca: los ojos parecían salírsele de las órbitas, la boca estaba abierta hasta el punto exacto en el que se encontraba el cigarrillo, lugar en el que se cerraba bruscamente para no dejar escapar ni un solo átomo de la nicotina o del alquitrán contenidos en la repugnante **colilla** que colgaba de sus labios; los brazos pegados al cuerpo y las manos exageradamente abiertas, tanto que habían dejado escapar una de las bolsas que sujetaba y su contenido se había **esparcido** por el suelo aumentando el caos y el desconcierto de la escena que me dispongo a narrar.

Un segundo después el individuo-relleno perdió su consistencia, se deshinchó, y se desplomó sobre mi coche. No pude hacer nada, ni siquiera los tranquilizantes lograron contener mi furia. ¡Había caído sobre mi coche! No en el otro coche, ni siquiera en el suelo: encima de mi blanco, nuevo, resplandeciente y reluciente coche. Había cometido el error grave de cruzar la calle justo en el momento en que yo pasaba por allí; es más, había cometido la imperdonable ofensa de no respetar mi pacífica relación con el mundo, destruyó la armonía en la que estaba instalado, rompió el ritmo relajado de mi corazón, acabó con mi buen humor y con no sé cuántas cosas más. Había visto mi coche acercarse a él y en lugar de salir corriendo, actitud normal y natural en estos casos, se quedó petrificado, mirándome a través del cristal del coche con cara de estúpido y sin mover un solo músculo.

desmoronar: caer.

encerado: con cera; brillante.

Se **desmoronó** contra mi coche y, al caer, un delgado hilo de sangre manchó la superficie siempre **encerada** de mi auto. ¡Aquello no estaba bien! Aquel individuo se había roto la nariz contra mi coche y ahora ensuciaba, con su sangre contaminada por el alqui-

Un segundo después el individuo-relleno perdió su consistencia, se deshinchó y se desplomó sobre mi coche.

estúpido (...) sarnoso: diversos insultos, cultos y populares.

solapas: parte de las chaquetas que rodea el cuello y termina en el pecho, antes del botón.
zarandear: mover adelante y atrás, o hacia los lados, violentamente.

trán y la repugnante nicotina de cigarrillos baratos, la inmaculada blancura de mi deportivo último modelo. «¡Increíble!» —pensé. «¿Cómo se puede ser tan estúpido?». «¡Insoportable!» —me dije. «¡Voy a tener que pedirle explicaciones ahora que es justamente la hora de empezar a trabajar!». «¡Intolerable!» —grité. «**¡Estúpido enano! ¡Inútil mentecato! ¡Parásito idiota! ¡Memo, sarnoso...!**». (Mi educación, mi cultura y el respeto que debo a mis lectores me impiden, ahora y entonces, pronunciar palabras más groseras).

La paciencia de cualquiera tiene un límite, así que no pude contenerme y salí del coche, me acerqué al desconocido, agarré con decisión las **solapas** de su prehistórico abrigo y después, cuando ya había logrado situarle en la posición que corresponde a todo ser humano, es decir, de pie, le sujeté con fuerza, le **zarandeé** con violencia mientras seguía insultándole sin parar y, al ver que no obtenía ninguna respuesta por su parte, lo deposité sin ninguna consideración en el suelo. Creo que más que depositarlo lo dejé caer, porque recuerdo un extraño ruido, como el de un balón de madera hueco al golpear en el suelo, justo en el mismo instante en que su cabeza se encontraba con el pavimento. No estoy muy seguro, pero sí puedo decir que cualquier persona respetuosa y decente en una situación semejante habría actuado del mismo modo que yo, sin dar la menor importancia a detalles insignificantes como aquel.

Una vez depositado en el suelo el cuerpo de mi asimétrico oponente, mi conducta sólo perseguía un objetivo: obtener alguna información acerca del desconocido que había atentado contra mi propiedad y mi persona; y sabía que debía conseguirla ya, rápida-

mente, porque se acercaba peligrosamente la hora de
empezar a trabajar y últimamente las relaciones con
Delacalle, mi jefe, andaban, como casi todo en mi vida, **manga por hombro**. No podía permitirme el lujo de complicar más la situación, así que me agaché al
lado de mi agresor y empecé a hurgar en sus bolsillos
con la esperanza de encontrar algún documento con
el que identificarle.

Nada. Allí no había nada importante: dos recortes
de cartón del tamaño de una caja de cerillas, tal vez un
poco más grandes, en los que podían leerse los nombres, escritos a mano, de dos productos farmacéuticos
poco conocidos; la fotografía gastada y vieja de una
mujer y un hombre en el triste instante de su boda; un
billete de metro usado, una tarjeta de visita en la que
aparecía una dirección; la lista de la compra; algún dinero y tres sobrecitos blancos en los que había dos
pastillas, también blancas, seguramente las que se
anunciaban por escrito en uno de los cartones. Nada
más. Y estaba claro que aquello no era suficiente para identificar y encontrar de nuevo a aquel individuo
tirado en mitad de la calle; sin embargo lo guardé en
el bolsillo de mi gabardina: tal vez analizados con más
detenimiento, pensé, alguno de aquellos objetos llega-
ría a ser útil. A pesar de todo necesitaba más detalles,
una tarjeta de crédito, un carné de identidad, o el permiso de conducir habrían sido un auténtico tesoro, así
que intenté tranquilizarme, respiré profundamente y
pensé, tan rápidamente como pude, en dónde habría
podido esconder un pobre infeliz, como el que tenía a
mis pies, documentos de cierto valor, si es que alguna
vez los había tenido. En el bolsillo del abrigo no, corría
el riesgo de extraviarlos; en la cartera aparentemente

no había nada de interés; ni en las bolsas de la compra, tampoco en el pantalón, ¡no tenía sentido! Y..., y yo empezaba a perder los nervios y a pensar con dificultad.

Entre tanto, un grupo bastante numeroso de personas se había acercado hasta el lugar en el que se desarrollaban los hechos; pretendían analizar hasta el más mínimo detalle de cuanto ocurría a su alrededor. Permanecían quietas, inmóviles, acechando y observando, con la íntima e inconfesable esperanza de ver sangre y **vísceras** derramadas por el pavimento. Aquellos seres primitivos en su aspecto y probablemente en su espíritu, se iban acercando peligrosamente a mí. Naturalmente el tiempo que llevo aquí, encerrado y solo, me ha permitido meditar mucho acerca de los ocultos motivos a los que respondía la extraña conducta de aquellos hombres y mujeres anónimos que seguían allí, sin moverse para nada y sin prestar ayuda alguna, y he formulado dos hipótesis.

Primera y poco probable: los presentes estaban inmóviles porque sentían la misma repugnancia que yo a la hora de tocar al **memo** sangrante que manchaba con sus **babas** el capó de mi coche; reacción, en todos los sentidos, normal en un ser humano civilizado. Hipótesis rechazada con sólo recordar el aspecto de algunos de ellos: demasiado similar a la del hombre-relleno que descansaba plácidamente en el suelo.

Segunda hipótesis, mucho más consistente, racional y sólida: todos sabían por mi aspecto elegante y pulcro que, efectivamente, yo era un ser superior a ellos, capaz de reaccionar con frialdad ante cualquier contratiempo, con el **aplomo** necesario para dominar una situación compleja como aquélla y con mucha más inteligencia de la requerida para resolver con efi-

vísceras: tripas; estómago y otros órganos cercanos.

memo: tonto, estúpido.
babas: la saliva cuando cae.

aplomo: tranquilidad, seguridad en sí mismo en momentos difíciles.

ciencia, rapidez y habilidad un pequeño inconveniente. De donde se deducía, inequívocamente, que su pasividad no podía significar otra cosa que admiración y respeto, comportamiento mucho más lógico y, por qué no decirlo, totalmente acorde con la naturaleza primitiva de los individuos que andan por las calles a esas horas de la mañana.

Sin embargo, en aquellos momentos mi percepción de los hechos era un tanto distinta. No sé si fueron los tranquilizantes o el olor que iba dejando mi cabeza impecablemente peinada, y que venía **saturando** y haciendo irrespirable la atmósfera del interior del coche, o las dos cosas a la vez, lo cierto es que, por alguna inexplicable razón, imaginé que los seres anónimos que se habían acercado hasta mí no me miraban con respeto sino con recelo. Podía ver, casi oír, en sus ojos y sus caras el eco de la más **rudimentaria** agresividad: «¡Debo proteger la especie! ¡Éste que está en el suelo pertenece a nuestra **manada**!» —parecían decir en su primitivismo—; y me dio la extraña sensación de que percibía con cierta claridad un cambio en su forma de mirarme; quiero decir que su actitud se parecía poco al respeto o la admiración, y mucho al desprecio, al descaro, a la descortesía y a la grosería; conductas, todas ellas, que no me han extrañado nunca en seres primarios y poco cultivados como los que tenía delante de mis narices.

Pues bien, en el instante mismo en que solté al individuo en cuestión sobre el pavimento y su cabeza golpeó contra el suelo sonando a balón hueco, justo en ese momento, me pareció oír cierto **murmullo** de inexplicable desaprobación que aumentó y aumentó a medida que mis manos rápidas y ágiles iniciaban el re-

saturar: llenar hasta el límite.

rudimentaria: simple, primitiva.

manada: grupo de animales salvajes.

murmullo: rumor, conjunto de voces que hablan en voz baja.

desalmado: sin alma, sin corazón, malvado.

insubordinación: rebelión.

pelele: persona simple o inútil.

chabacano: grosero y de mal gusto.

cabrón: insulto vulgar referido al hombre cuya mujer es adúltera.

gistro, sin excesivos cuidados, es verdad, de los bolsillos del **desalmado** terrorista que saboteó mi tiempo. Sin embargo, aún creo que la temperatura subió, inexplicablemente, unos grados más cuando alguno de los presentes, al ver que intentaba despertar al causante de mis desgracias presentes y futuras dándole vigorosos, aunque no brutales, golpes en la cara (conducta normal en estos casos, más si tenemos en cuenta mis conocimientos de medicina), se creyó con derecho a juzgar mis métodos, incluso intentó promover una especie de **insubordinación** destinada a evitar los golpes que desde mis manos, posiblemente ya mis puños, llegaban al rostro sangriento de mi particular hombre-relleno.

No tengo una idea clara y precisa de lo que ocurrió en aquellos momentos de confusión; lo cierto es que acabé tomando al **pelele** medio muerto entre mis brazos y metiéndolo en el coche a través de la ventanilla abierta del lado opuesto al conductor. Mi acompañante había adoptado una postura un tanto incomoda, por no decir antinatural: sus pies salían por la ventanilla, su cabeza descansaba sobre el suelo; una de sus manos había caído sobre el asiento del conductor y la otra no era visible; naturalmente no podía transportarlo de aquel modo, pero tampoco podía perder más tiempo. La decisión tenía que ser inmediata: no lo dudé, entré en el coche y arranqué. Instante en el que creí oír a una señora, vestida con un terrible abrigo rosa fluorescente y un bolso del mismo horrible color, lanzar contra mí algún insulto **chabacano** y vulgar que no debería reproducir aquí por respeto a los lectores. Sin embargo, la verdad de los hechos me obliga a transcribir, con la mayor delicadeza posible, la barbaridad que salió de sus labios: ¡**Cabrón!**

PÁRATE UN MOMENTO

1. ¿Qué opinión te merece el personaje principal de la historia? Comenta con tus compañeros tu opinión y justifícala.

2. Acabas de ser "testigo" de un accidente de tráfico como el que se describe en la historia. Imagina que la policía te toma declaración para poder establecer quién es el culpable. ¿Qué contarías? Vuelve a leer cuidadosamente el fragmento en el que se explica el accidente.

   ....
   ....
   ....
   ....
   ....
   ....

3. Ya conoces al personaje principal y tienes una idea sobre él. ¿Cómo crees que acabará la historia? ¿Por qué?

   ....
   ....
   ....
   ....
   ....
   ....
   ....

4. El personaje principal tiene un carácter que difícilmente puede dejar indiferente a alguien. Apunta aquellos rasgos de su carácter que consideras atractivos y aquéllos que te parecen horrorosos.

Puntos positivos	Puntos negativos

Compara con tus compañeros tus dos listas y coméntalas.

CAPÍTULO IV

desparramado: esparcido, tirado.

Salí de allí dejando la mitad de las ruedas pegadas al asfalto y una masa de individuos gritando y lanzando contra mí algunos de los objetos que mi pasajero ocasional había **desparramado** por el suelo segundos antes de precipitarse de narices contra el capó de mi deportivo. Por suerte, ninguno de ellos llegó a tocarnos.

aullar: gritar.

Todo en la ciudad y en mí había cambiado. Ahora los conductores histéricos, agresivos y maleducados **aullaban** a través de las ventanillas de sus automóviles, haciendo gestos obscenos con los dedos e imaginando que con sus gritos conseguirían ponerme más nervioso de lo que ya estaba. Me pregunto si sus **patosos** cerebros no llegaron a intuir siquiera que mi comportamiento, al conducir invadiendo el carril contrario, respondía a una situación excepcional: no estaba dispuesto a desperdiciar un solo segundo de mi valioso tiempo, ya había perdido mucho más del que podía permitirme.

patoso: torpe, sin habilidad.

desaforadamente: sin medida, fuertemente.
ancestral: de tiempo muy remotos, propio de los antepasados.

Los peatones con los que me cruzaba me miraban atónitos y gritaban **desaforadamente** mientras hacían movimientos extrañísimos con los brazos; parecía una especie de danza **ancestral** en la que los movimientos se sucedían unos a otros como siguiendo un orden inalterable y conocido por todos. Era algo así como señalar hacia el cielo con las dos manos para luego mover la cabeza de derecha a izquierda, repetir más de una vez este vaivén siempre manteniendo las manos alzadas; al mismo tiempo que detenían el movimiento de la cabeza iniciaban el descenso de los brazos. Estos volvían a dirigirse con movimiento firme y enérgico hacia el objeto o individuo que provocaba la danza —yo, en este caso concreto, o tal vez los pies de mi copiloto asomando por la ventanilla—; en el trayecto, una de las manos quedaba a la altura de las sienes, lugar sobre el que solían posar un dedo, con preferencia el índice, para dibujar medio círculo en una dirección y otro medio en la opuesta (un gesto que últimamente he visto repetir a algunas de las personas que vienen a visitar a sus familiares). Debo decir que algunos de los danzantes, posiblemente los más iniciados, acompañaban el ritual adelantando las caderas y manteniendo los talones y los hombros sobre una imaginaria línea recta.

También el guardia encargado de regular el tráfico hizo un gesto extraño con la mano al tiempo que hacía sonar violentamente el **silbato** que sujetaba con los labios apretados, en una mueca similar a la que permitió, minutos antes, a mi silencioso acompañante seguir aferrado a su colilla al tiempo que mostraba el espanto de verse atacado por un vehículo. También recuerdo su cara y su expresión porque casi provoca un nuevo accidente idéntico al anterior. Aunque esta vez conseguí esquivar al individuo uniformado, no pude evitar **rozar** ligeramente el coche policial en el que se encontraba su compañero, un hombre de aspecto enfermizo, gordo y blanquecino, que parecía estar cómodamente encajado entre el asiento y el volante. El segundo policía soplaba en dirección a la taza de café que sostenía en una mano, y que se le vino encima

silbato: instrumento de viento, propio de árbitros y policías.

rozar: tocar ligeramente.

embestir: empujar violentamente, arremeter.

irreparable: que no puede ser arreglado, sin solución.

recapitular: resumir.

tapicería: tela con la que se forran muebles.

carambola: doble efecto de una sola acción.

celular: aquí, de la policía.

colgado: estar bajo el efecto de las drogas.
estar hasta las pelotas: (vulgar) no soportar más.

más por el susto de verse **embestido** por otro automóvil que por el impacto que se produjo. Miré por el espejo retrovisor y vi que no había ocurrido nada **irreparable**: el pequeño roce, que seguramente afeaba la parte lateral trasera de mi deportivo, serviría para comprobar la eficacia y rapidez de la compañía aseguradora, pero no significaba de ningún modo una amenaza contra mi salud. Decidí continuar sin detenerme.

Intenté aislar mi mente y pensar qué era lo que debía hacer: las circunstancias no eran fáciles. **Recapitulé** para dibujar en mi mente un plan maestro a seguir. La situación en aquel preciso instante era la siguiente: en el capó del coche había una mancha de sangre producida por el hombre-relleno que descansaba en el asiento delantero del coche. El individuo en cuestión no respetaba las más elementales reglas de conducta, no solo porque descansaba boca abajo con los pies asomando por la ventanilla, también porque una de sus manos estaba justo en mi asiento, es decir, entre la **tapicería** y una de las partes más íntimas de mi anatomía. Por su culpa casi había atropellado a un guardia urbano y conseguí, en una **carambola** poco afortunada, acariciar ligeramente el coche **celular**. Llegaba tarde al trabajo, mi jefe no iba a perdonármelo, ni siquiera iba a creer una historia como aquella. En mi cabeza sonaban ya las palabras que seguramente saldrían de su boca al oír mis disculpas:

– ¡... y mi primo vive en el tejado del parlamento con la bailarina Fina! ¡Otra vez andas **colgado**! **¡Estoy hasta las pelotas de** ti! Pues se acabó: esta es la última vez que llegas una hora tarde, la próxima vez no quiero ni verte. No te preocupes —sonreiría

enviar algo al carajo: rechazar con insolencia.
chuparse el dedo: hacerse el simple; fingirse infantil para comprender una cosa.
tragar: creerse las cosas aunque sean inverosímiles.
ser la leche: ser algo increíble.

escozor: picor, sensación molesta en el cuerpo.

devorar: comer o consumir.

maliciosamente–, yo personalmente enviaré tus cosas... **al carajo**. ¡Que **me chupo el dedo**, vamos... que soy imbécil y **trago**! ¡Esto **es la leche**...! –seguiría diciendo al alejarse por el pasillo hacia la cabina en la que seguramente estaría torturando a uno de sus pacientes favoritos.

Pero ahora debía concentrarme para aclarar de una vez aquella situación en la que me encontraba. En el interior del vehículo nada estaba bajo control. En mi cabeza sonaba la voz de Delacalle, oía a lo lejos la sirena de un coche policial, un locutor gritaba a través de la radio, los conductores que me rodeaban hacían sonar sus pitos desaforadamente; y, por si no era suficiente inconveniente, aún había un pequeño problema más que me impedía pensar con claridad: el olor del ungüento crecepelo estaba empezando a irritarme al tiempo que me asfixiaba y me producía un pertinaz **escozor** en los ojos. Aquella pócima repugnante tenía cierto aroma a eucalipto, al menos así me lo parecía, mezclado con un intenso tufo a no sé muy bien qué, algo indefinido que olía entre dulce y blando, y que, en concentración, parecía dispuesta a **devorar** el poco oxígeno que había en el interior del vehículo. Abrí la ventanilla e intenté respirar con regularidad manteniendo la cabeza en el exterior; mientras, mi acompañante parecía despertar de un profundo sueño y se quejaba ligeramente con una vocecilla lejana y débil. Me di cuenta de que volvía a la vida cuando noté que su mano se movía bajo mi peso; le miré un instante y pude ver que todo su cuerpo se revolvía e intentaba abandonar aquella antinatural postura. Estoy seguro de que fue su instinto el que le llevó a buscar un punto de apoyo desde donde restablecer el orden y la verticalidad propias del ser humano; y estoy seguro porque se abandonó a una lucha irracional que acabó con un tremendo choque entre la **guantera** y su cabeza. De nuevo noté que su mano se relajaba bajo mi pantalón: había ganado unos minutos, tal vez sólo unos segundos, pero debía aprovecharlos.

Tomé el frasco de pastillas que guardaba en el bolsillo de la gabardina y de un golpe **engullí** al menos cuatro, quizá seis, es posible que más, aunque no estoy muy seguro. Cerca de allí, a unos quinientos metros, había un aparcamiento al aire libre; al fin podría deshacerme del pelele que instantes antes estaba hurgando mis intimidades, registrarle a fondo y hacerle pagar por todo lo que me había hecho. Aquel era un buen plan. Nada podía impedirme llevarlo a cabo. Aceleré, ahora con la cabeza asomada a la ventanilla, para **enfilar** los últimos cien metros que me separaban del final de aquella terrible pesadilla. Giré bruscamente cuando intuí, más que vi, la entrada del aparcamiento y me situé justo al lado de la estúpida máquina que debía **escupirme** la cartulina que cerraría detrás de mí las puertas de la ansiada felicidad. Con decisión apreté el botón indicado y observé que en el circuito cerrado de televisión quedaba reflejado el número de matrícula de mi coche. La pequeña barrera se abrió y entré. Busqué un lugar apartado, en el extremo opuesto a la ventanilla de cobros. Aparqué. Salí del coche, lo rodeé por la parte delantera y abrí la puerta. El individuo-relleno se desparramó sobre el asfalto dejando su cabeza en el interior del vehículo. Tuve que cogerlo de nuevo por el abrigo, arrastrarlo fuera y dejarlo en el suelo boca arriba. Una vez en aquella posición ya podía volver a revisar sus bolsillos en busca de información.

guantera: cajón frente al asiento del acompañante en un coche.

engullir: comer, tragar.

enfilar: aquí, recorrer.

escupir: expulsar, normalmente saliva de la boca.

en vano: no tener sentido, inútilmente.
don nadie: persona sin importancia.

cabreado: popularmente, enfadado.

coz: golpe que da un animal con las patas traseras.

como ... diablo: expresión para indicar gran velocidad para escapar.

Nada. ¡Qué frustración! ¡Qué increíble y absurda situación! Todos mis esfuerzos por llegar hasta allí, mi altercado con los policías, compartir mi coche con un desconocido, correr el riesgo de perder mi empleo y mi salud, habían sido **en vano**. Aquel hombre era realmente un **don nadie**: no tenía identidad. ¿A quién iba yo a pedir explicaciones? ¿Quién restauraría el equilibrio en mi vida si acababa de darme cuenta de que nadie causaba mis desgracias? Aquello era una verdadera tragedia, pero no había hecho más que empezar.

Completamente **cabreado** (¡perdón!), indignado y un tanto aturdido, apoyé al pelele sin sentido en un árbol cercano, dejándole en una posición similar a la que adoptaría cualquier persona para descansar plácidamente bajo la sombra de un árbol: las manos recogidas sobre el vientre, las piernas extendidas, una sobre la otra, el cuello del abrigo levantado y la cabeza reclinada sobre el pecho. Antes de dejarle le miré por última vez y no pude reprimir el deseo de lanzarle una **coz**; aquel individuo había destruido mi vida y yo debía dejarle reposar plácidamente a la sombra de un árbol. Me contuve, di media vuelta y me dirigí al coche con la intención de salir de allí **como alma que lleva el diablo**, pero algo en mi interior me detuvo, no podía irme sin antes propinar un contundente puñetazo a don nadie. Me lancé sobre él. Le tomé una vez más por las solapas. Sujeté su cara hinchada y sangrante y levanté el puño a la altura de mi cabeza retrasándolo hasta más allá del hombro, cogí impulso y... alguien desde atrás me sujetó con fuerza el brazo; me revolví: era el policía gordo y blanquecino, enorme y ligeramente colorado, que había derramado sobre sí mismo el café que soplaba con insistencia, có-

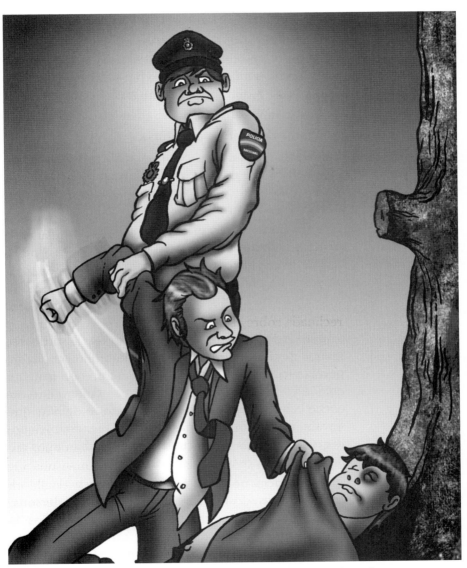

Me lancé sobre él. Le tomé una vez más por las solapas.
Sujeté su cara hinchada y sangrante y levanté el puño...

modamente incrustado en el asiento de su coche.

– ¡Ssss-up-p-p-po-o-o-ng-ng-ng-o q-q-q-que-e-e, ¡ssss!, t-t-t-to-o-od-d-d-o e-e-e-s-s-s-s-to t-t-t-t-ie-e-e-e-n-n-ne, ¡ssss!, u-u-u-u-na e-e-e-exp-p-p-pli-i-i-i-c-c-cca-a-ación, ¡ssss!! –dijo sonriéndome tras el esfuerzo.

– ¡Por supuesto! –respondí ofendido–. ¡Usted...!
No me dejó terminar la frase,

– ¡Ssss! ¡A-a-a-a-c-c-c-com, ¡ssss!, p-p-p-pá-ñ-ñ-ñ-ñe-eme! ¡Ssss! –gritó, y tomándome por el brazo me arrastró hasta el coche que minutos antes había sido acariciado por el mío.

– ¡Es-(pausa)-te es el ca –empezó a gritar su compañero, sacudió con fuerza su cabeza y salió del interior de su refugio con ruedas, **frunció** la frente, se elevó sobre las puntas de sus pies y acercó excesivamente la suya a mi cara, para continuar–: ... –brito que ca-(pausa)-si me m-(pausa)-a-(pausa)-t-(pausa)-a!

Este individuo, mucho más bajito que el primero, menos gordo y con cara de rata de biblioteca, había permanecido en el coche hasta aquel preciso instante en que yo llegué arrastrado por su compañero hasta el coche celular. Seguramente su aspecto se debía a que llevaba unas enormes gafas de cristales increíblemente gruesos, detrás de los cuales se adivinaban unos ojillos pequeños, oscuros y sin vida.

Y entonces no pude contener la risa y estallé en **carcajadas** ruidosísimas, impropias de mi persona, pero explicables por razones variadas: los nervios, la decepción, el exceso de oxígeno, tal vez los comprimidos que había tomado hacía unos minutos sin dar demasiada importancia a cuál era su efecto en el organismo. Aquel sujeto tenía una voz impropia de un

fruncir: arrugar.

carcajada: risa muy fuerte.

policía; era aguda y chillona, como la de una vieja **gruñona**, no imponía respeto, no tenía autoridad alguna, provocaba risa. Imaginé que su voz salía como filtrada a través del silbato que casi conseguí hacerle tragar al evitar su pequeño cuerpo en plena calle; aquella idea absurda se repetía una y otra vez en mi mente. No podía dejar de reír, y cuanto más se **encabronaba**, más chillaba, más me reía.

– ¡Tú e-(pausa)-res imbé-(pausa)-cil –intentaba decir–, **no sa**-(pausa)-**bes dón**-(pausa)-**de te est**-(pausa)-**ás me**-(pausa)-**tiendo**!

Y efectivamente no lo sabía. No tenía ni la más remota idea de lo que me esperaba. Es más, jamás habría creído que lo que me está ocurriendo ahora... Pero no adelantaré los acontecimientos: lo mejor es que el lector sepa punto por punto qué sucedió; y que entienda las razones que me llevaron a este encierro humillante y desproporcionado.

No tengo ninguna duda acerca de la **imparcialidad** que he sabido dar a estas líneas: creo haber conseguido una de las metas que me había propuesto al empezar a ordenar mis recuerdos: ser objetivo, relatar los hechos fríamente, tal y como ocurrieron, sin intentar justificar mis acciones. Entiendo que la que me he propuesto es una tarea difícil y arriesgada, pero cuando alguien como yo, que ha vivido y sobrevivido tanto tiempo en un mundo hostil, que ha soportado una trágica historia de amor, que ha sufrido la pérdida de un ser querido, mi ficus, y que ha padecido la violencia y la falta de solidaridad de la especie urbana, don nadie podría ser el mejor de sus representantes; cuando alguien así, decía, se dispone a relatar su vida, lo menos importante es la historia, los acontecimientos; lo verdadero, lo auténticamente relevante es el mensaje que el lector obtiene, la riqueza moral, la **sutilidad** del pensamiento, la audacia del razonamiento, la lección de vida, en definitiva. ¡He aquí lo trascendental de mi confesión!

Sé que en algún momento de mi existencia seré recompensado por todo lo que he sufrido; entonces, al recibir el premio merecido a mis esfuerzos y a mi generosa aportación al desarrollo del ser humano, pronunciaré un discurso en el que perdonaré a los **celadores**, que no me dejan salir de este cuarto en el que estoy encerrado desde hace algunos meses, perdonaré a los **energúmenos** que me condenaron a vivir en este lugar, y perdonaré, también, a todos los hombres vulgares, sucios, enfermos, asimétricos, gordos y fumadores, su vergonzoso aspecto, su falta de sensibilidad y su mal olor.

Pero ahora debo continuar. La historia no ha concluido y es mi deber finalizar, así que volveré a la dura tarea de relatar, con todo lujo de detalles, los últimos momentos de aquel día trágico para mí.

sutilidad: finura, profundidad, detallismo.

celador: persona que cuida o vigila los edificios oficiales.

energúmeno: persona muy violenta.

CAPÍTULO V

Puedo asegurar que, efectivamente, como había dicho el policía que causó mi ataque de risa, no sabía dónde me estaba metiendo. Yo intuía, sin embargo, que algo no muy bueno iba a ocurrirme porque estaba claro que las intenciones de aquellos dos individuos no eran, ¿cómo decirlo?, normales, corrientes. No. No eran personas decentes y correctas con intenciones también honestas y consideradas. Incluso a través de las enormes gafas de cristales exageradamente gruesos se veía, en la mirada del agente Sala —que así se llamaba, y se llama, mi enano secuestrador—, el brillo de un pensamiento retorcido y tortuoso, y la marca de una imaginación **calenturienta** y perversa en la que solo tenían cabida las barbaridades más inimaginables. El otro, el agente Sandalio, era, como su nombre indica, un individuo simple y primitivo, cuya inteligencia y conocimientos no iban más allá de lo que decía el reglamento del cuerpo al que pertenecía, desde que un día decidió dejar el pueblo en el que vivía sencillamente. Conocía de memoria todas las normas y las recitaba en busca de la que encajaba con la situación en la que se encontraba, así que no siempre era capaz de aplicar con corrección un código que acabó siendo sagrado para él. Sandalio tenía el aspecto de un niño grande, medía casi dos metros, debía pesar alrededor de 120 kilos y **tartamudeaba** ligeramente cuando estaba tranquilo. Cuando se ponía nervioso cada sílaba era una barrera, cerraba los ojos, co-

calenturienta: con fiebre, que trabaja sin descanso.

tartamudear: hablar repitiendo las sílabas.

mo para concentrarse en la pronunciación correcta de lo que intentaba decir sin éxito. Entre sílaba y sílaba emitía un ruido realmente desagradable parecido a una ese y, después, repetía una y otra vez la misma combinación de letras en las que se había atascado:

– ¡Yo-o-o-o! ¡Ssss! ¡Yo-o-o-o! ¡Ssss! ... T-t-t-t-e-e-e-ng issss! -ng-ng-ng-o u-u-un b-b-bu-e-e-e-n   t-t-tra issss! tra-tra-a-aba-j-j-j-jo, ¡C-c-c-co-o-o-mp-compa-a-a-ñ-ñ-e-e-ro! –decía a menudo.

Por el contrario, Sala era bajito y delgado; llevaba el pelo muy corto y siempre iba mal afeitado. Tenía la apariencia de un **simio** con cara de roedor; era **patituerto**, ancho de espalda, andaba con los brazos ligeramente curvados, la cabeza grande y siempre agachada, rematada con enormes orejas rojizas, el soporte perfecto para la gorra reglamentaria y las gafas imprescindibles para dar forma al caos exterior. Los hombros se inclinaban peligrosamente hacia delante, parecía que no podían soportar el peso de aquel conjunto, y se iban hacia delante cada vez que el pie que ocupaba su misma posición en el cuerpo se adelantaba. No tenía problemas para hablar, pero repetía constantemente un movimiento convulsivo que consistía en **contraer** la nariz y cerrar los ojos con violencia, para después abrirlos exageradamente. Este extraño e inútil movimiento se repetía varias veces con pequeñas interrupciones; después, la cara de Sala se relajaba, conseguía parecer normal, hasta que, unos segundos después, empezaba de nuevo. Normalmente a cada contracción correspondía una pausa en el discurso, una pausa **arbitraria** y gratuita que aumentaba el nerviosismo del policía en la misma medida que aumentaba la frecuencia con que se repetía el **tic;** entonces,

simio: mono.
patituerto: que tiene las piernas arqueadas o torcidas.

contraer: apretar, arrugar.

arbitraria: aquí, casual, caprichosa.
tic: movimiento involuntario que se repite mucho.

cuando casi era imposible pronunciar una sola letra, sacudía con violencia la cabeza, como para poner cada cosa en su lugar, y volvía a su charla y a sus tics, pero ahora más espaciados.

Sala se aprovechaba constantemente de la falta de iniciativa de su compañero y se convirtió, tan pronto como se dio cuenta de la situación, en la inteligencia de Sandalio. Formaban la pareja perfecta: la fuerza y la obediencia ciegas al servicio de una mediocre aunque diabólica inteligencia instalada en un débil cuerpo. Conozco algunos detalles de esta extraña relación porque Sandalio, en los traslados desde el **Sanatorio** hasta el juzgado, suele hablarme de su compañero de trabajo; en realidad Sandalio lo que persigue, aunque su modestia y su orgullo no le permiten solicitarlo abiertamente, es mi sabio consejo.

Volvamos a la mañana en que fui detenido. Concretamente al escenario de mi primer encuentro con los agentes. Fue, ya lo he dicho, en el mismo aparcamiento en el que abandoné a don nadie, justo al lado del coche celular del que había bajado Sala para observarme e insultarme; el pequeño policía tiraba de mí con una mano mientras me amenazaba con la que le quedaba libre: el puño cerrado, el dedo índice señalando mi nariz y el pulgar ligeramente levantado. Yo seguía **partiéndome de risa** mientras él, cada vez más enfurecido, gritaba más y más, y su cara, acercándose peligrosamente a la mía, se iba tiñendo de un tono primero rosado, más tarde rojo y finalmente morado. De pronto paró de chillar:

– ¡Este guarro se ha **cue**-(pausa)-**sca**-(gran pausa)-**o**!

—dijo recuperando un tono de voz más o menos neutro, al tiempo que arrugaba la nariz arrastrando el la-

Sanatorio: familiarmente, clínica mental.

partirse de risa: reírse mucho y con muchas ganas.

cuescarse: tirarse un pedo ruidoso.

pijo: cursi. De actitudes propias de la clase alta.
cante: olor profundo y repugnante. En términos generales cualquier cosa que llama poderosamente la atención.

bio superior hacia arriba–: ¡¡Será... !!¡¡Puaf...!!¡¡Va-(pausa)-ya con el **pi**-(enorme pausa)-**jo**!! ¡Menu-(pausa)-do **can**-(gran pausa)-**te**! –continuaba diciendo mientras iniciaba un movimiento de vaivén con la mano que hasta hacía escasos segundos le había servido como instrumento amenazador, y, andando hacia atrás, se alejaba unos pasos de mí.

Yo no entendí nada de lo que había dicho, pero aquello pareció tranquilizarlo. Al menos su actitud cambió. Parte de la agresividad que mostró al encontrarse frente a mí pareció canalizarse a través de aquel insistente y, con casi total seguridad, ceremonial movimiento de la mano. «¡Este hombre no es tan primitivo como su compañero!», pensé; y supuse que el pequeño policía había encontrado un sistema sencillo y rápido para restablecer el equilibrio interno. Eliminaba las vibraciones negativas, las reconducía a través de aquel extraño y simple movimiento rítmico, las expulsaba al exterior como lanzándolas por la boca y conseguía alejarlas agitando la mano cerca del lugar por el que salían al exterior. Podía tratarse, por qué no, de una nueva terapia, extremadamente primaria, no tenía la menor duda, pero efectiva, que yo injustificablemente desconocía; era evidente que me sentía desconcertado por mi inusual ignorancia.

Mi cabeza parecía funcionar como una cafetera a presión: había demasiadas cosas en ella. Tenía que acercarme a mi interlocutor, pero cómo, los tranquilizantes que había tomado en el coche amenazaban con dejarme dormido en cualquier momento, mi boca no respondía a las órdenes de mi cerebro, las palabras se **atascaban** y las ideas no podían salir, así que se iban quedando detrás de la lengua empujándose unas a

atascar: amontonarse sin poder salir.

lucidez: comprensión muy clara.

férrea: de hierro; muy dura.

otras y ocupaban ya toda mi cabeza. Necesitaba una válvula de escape, una fórmula para acabar con el atasco ideológico que amenazaba con hacerme estallar el cerebro en mil pedazos. Un segundo, fue suficiente un segundo de **lucidez** para tomar la decisión: hablar con él en su mismo lenguaje, ¡ésa era la solución! Sentí que podía, como él, recuperar mi equilibrio interior y supe que las maniobras de acercamiento, las que debían llevarme con éxito hasta el final de aquella insostenible situación, podían empezar precisamente imitando su primitiva gimnasia de relajación. Levanté la mano derecha hasta la barbilla y la observé justo en el centro de mi cara. Manteniendo los dedos juntos, y perpendiculares a la nariz, dejé que se doblaran suavemente, e inicié el procedimiento intentando que mi respiración y el movimiento rítmico de la mano se fundieran hasta llegar a convertirme en una porción más del universo, un individuo relajado, en paz con el mundo, absolutamente renovado por dentro y cargado de energías positivas; exactamente como hacía unos minutos había hecho Sala con tanto éxito.

Algo no funcionó, tal vez una cuestión de técnica, posiblemente la falta de coordinación entre la respiración y el movimiento acompasado de la mano; en cualquier caso mi intento fue un fracaso y no lo conseguí. Estaba demasiado ocupado intentando contener el atasco de ideas que ya no dominaba y que amenazaban con rendir, en cualquier momento, mi heroica resistencia, doblegar la **férrea** disciplina que apenas las contenía, y escapar de la cabeza sin orden ni concierto utilizando la boca como enorme y sonora válvula de escape.

– ¡La cocina estaba sucia!, dije. ¡Soñaaando! ¡Soñaaando! ¡Demasiadosuciaparanomoriiirme delssssuusto! ¡Sabo-taaaaaje! ¡El agua! ¡Brrrrum, brrrum! ¡Crash! ¡Imbécil! ¡Crash! ¡Mi coche! ¡Mi coche! ... ¿Dónde está?

Recordé, entonces, que Sandalio me había interrumpido justo en el momento en que intentaba golpear a mi anónimo y silencioso copiloto; recordé también que segundos antes me dirigía al coche porque —y todo volvía a mi mente como en una película del revés— quería llegar a la consulta; sin embargo, antes debía deshacerme del pelele que tenía su mano puesta en aquel preciso e inadecuado lugar en el que acaba la espalda, y el hombre pierde su dignidad. Efectivamente, la mejor estrategia era llegar hasta el aparcamiento que estaba justo después de aquellos dos guardias. A Sandalio casi lo mato de un infarto y, al chillón con cara de rata de biblioteca, Sala, por poco lo convierto en una repugnante hamburguesa con gafas aplastada contra el asfalto. Y todo aquello me había ocurrido en tan solo unos minutos, creo que podría decirle al lector con toda precisión cuántos segundos necesité para cambiar completamente mi vida.

No podía creerlo; yo, un hombre especialmente meticuloso, admirado por sus compañeros de trabajo, envidiado, debería decir para no caer en la falsa modestia, sistemático en mis actuaciones, razonable y razonador, con una mente lógica y pragmática, educado en la más estricta de las disciplinas, en el sacrificio, en la prevención; uno de los pocos hombres que conozco —me **enorgullece** decirlo—, que roza la perfección; aquel superhombre había olvidado una de las primeras reglas de supervivencia en la gran ciudad: nunca

enorgullecer: estar orgulloso de algo.

descuido: falta de cuidado.

seto: muro o pared hecha con plantas.

escalofrío: temblor.

meta: finalidad, objetivo.

dejes el coche abierto y, si lo haces, no te olvides de quitar las llaves. No podía creerlo; un **descuido** estúpido, de principiante, y alguien podía haber entrado en mi maravilloso deportivo; alguien podía estar sacándolo del aparcamiento; alguien podía estar ahora conduciendo mi tesoro por la ciudad. Miré instintivamente hacia el lugar en el que debía encontrarse el coche y no lo vi. ¡Mi coche había desaparecido! Así, sin más. Simplemente no estaba. Mi coche, mis ahorros, mi dignidad, mi orgullo, mi salud, todo había desaparecido. Lo había perdido todo: era un hombre destrozado e incompleto. Delante de mis narices, al otro lado del **seto** que circundaba el aparcamiento y a toda velocidad, se alejaba mi coche: al volante, sonriente, don nadie.

¿Cómo me sentía en aquel instante, querrán saber muchos, cuando me di cuenta de que me habían robado la vida? ¿Qué pasa por la mente de un hombre como yo, se preguntará el lector, en semejante trance? No puedo narrarlo sin sentir de nuevo un **escalofrío**. Vivir era, desde aquel instante mismo, una carta boca abajo, el vacío, el vértigo ante lo desconocido, lo imprevisto, hoy, ahora. Nada más. Ni una **meta** más allá de este "ahora": el caos y la anarquía. Simplemente supe, en ese mismo instante, que había entrado en la cara oscura del mundo, que mis cualidades intelectuales se transformaban sin remedio en energía instintiva; que mi vida había llegado, definitivamente, a un punto sin retorno. Lo más terrible de la naturaleza humana empezó a poseerme: ley y orden eran palabras sin sentido. Fuerza, ella era la única ley; mi única meta, recuperar la dignidad; el principio y el fin de mi existencia, el coche que acababan de robarme. Notaba có-

supremacia: dominio.

mo mi cuerpo experimentaba un profundo cambio, piernas, brazos, manos, dedos, hasta la última de las fibras de mi anatomía, se cargaba de energía y se disponía a defender con todas las armas a su alcance aquel coche que lo significaba todo: el amor propio, la libertad, la felicidad, lo más sagrado, el símbolo de la **supremacía** del hombre civilizado, la meta de cualquier ser inteligente, el principio y el fin de toda una vida. Porque: ¿qué es, me pregunto, un ser urbano sin su coche? Nada. Y yo acababa de convertirme en nada porque era ya un ser urbano. A partir de aquel momento todo ocurrió como en una pesadilla.

Debía salir de allí para recuperar mi posesión más preciada, pero ¿cómo hacerlo? Sandalio era la misma encarnación de la fuerza, sus brazos parecían grandes masas de piedra que me impedían pasar; Sala era pura inteligencia: una mezcla diabólica contra la que tenía que luchar. Observé con detenimiento la escena: Sandalio estaba detrás de mí; Sala se había situado delante, aunque un poco retrasado. Tras él, el coche del que salía una canción inolvidable,

¡La cucaraaaacha!, ¡la cucaraaaacha!,

¡Ya no puede caminar!

¡Porque no tieeene, porque le faaaltan,

las dos paatitas de atrásss...!

Y me sentí hermanado, no me sonrojo al confesarlo, con aquella repugnante e indefensa criatura cruelmente mutilada —como yo mismo—, con el **truculento** propósito de incitar a todo el mundo a bailar. Y entendí por qué las cucarachas se sienten discriminadas, y entendí por qué cuando ven a un ser humano salen corriendo, y comprendí que en aquellas estúpidas palabras había un profundo y remoto mensaje que

truculento: que impresiona por ser cruel.

decía: ¡defiéndete!, ¡que nadie te quite tus patitas de atrás!, ¡lucha por ellas como un hombre! Y así lo hice. Mis músculos tensados respondían, una a una y automáticamente, a todas las órdenes que el cerebro les enviaba con la precisión de un reloj suizo.

– ¡Cierra el puño con fuerza! ¡Lánzalo hacia la cara de Sala! ¡Otra vez! ¡Otra vez! ¡Ahora el estómago de Sandalio! ¡Así, muy bien! ¡Una vez más! ¡Otra vez! ¡También un pie! ¡Sí, muy bien! ¡Sigue así! ¡Golpea! ¡¡Golpea!! ¡¡¡Golpeeea!!!

porrazo: golpe.

Estoy seguro de que mis **porrazos** fueron contundentes, certeros, precisos. Sé que mis dos contendientes tuvieron que desplegar todas sus habilidades para conseguir reducirme, sé que no lo consiguieron con facilidad, y sé que transcurrió algún tiempo antes de que las heridas de aquella terrible batalla cicatrizaran. No soy capaz de recordar cuánto duró el sangriento combate; recuerdo que en alguna de sus fases más encarnizadas se oían gritos, casi aullidos, consecuencia inequívoca del dolor insoportable que provocaban mis golpes firmes, infalibles, cayendo sobre los cuerpos de Sandalio y Sala.

No me daba miedo la lucha, al contrario, me sentía absolutamente identificado con mi hermana la cucaracha, su pena era mi pena, su dolor el mío, su libertad mi meta. Yo asumía con valentía el deber **ineludible:** que no se puede evitar.
mutilar: cortar algún órgano o extremidad.
ineludible de salvarla de los sádicos que la **mutilaban** cruelmente con el frívolo fin de divertirse bailando; y al liberarla me liberaba. Aquello me daba fuerzas para seguir combatiendo; buscaba una y otra vez los puntos débiles de mis adversarios; golpeaba sin piedad, rompía, retorcía, arañaba, mordía, me complacía en sentir la fuerza de mis miembros sobre la carne dé-

detestable: odioso.

coraje: valor.

calibre: tamaño, categoría.

acorralado: sin salida.

bil de mis oponentes. Estaba encontrando la más primitiva de mis fibras, un ejercicio **detestable** en otra época de mi vida: me sentía un dios; el dios de todas las cucarachas sin patitas. Podía gritar, saborear, romper, rasgar, pegar, y todo respondía a una extraña fuerza metafísica que me empujaba a continuar, tenía sentido, era necesario. Yo era, finalmente, necesario.

Nunca hemos hablado de aquel incidente con Sandalio, y estoy absolutamente seguro de que él me respeta aún más por el **coraje** que mostré al enfrentarme a ellos a pesar de las consecuencias, que las conocía, de mis acciones. El **calibre** del adversario no se mide únicamente, aprendí aquel día, por su eficacia en la lucha, sino por su inteligencia, por su valor, por su habilidad para sorprender al adversario, por el espíritu de sacrificio y por su capacidad de sufrimiento. A estas alturas el lector sabe que sacrificio y dolor ya eran términos cotidianos para mí: mi vida entera empezaba a adquirir sentido en el preciso instante en que me disponía a violar todas las reglas que hasta hacía muy poco tiempo constituían el objetivo más preciado de existencia.

Ninguno de los dos policías había conseguido sujetarme, así que yo era un hombre **acorralado** pero no sujeto. Me revolvía como un animal entre aquellos dos hombres, pura inteligencia y pura fuerza, burlándoles sin esfuerzo aparente y, en un instante de debilidad, que no de miedo, eché a correr hacia la avenida por la que circulaba mi coche. Sabía que un éxito significaba la redención de mi imperdonable culpa; que un fracaso era el fin de mi vida y de la dignidad de todas las cucarachas del mundo. Y Sandalio me hizo fracasar. Comprendo caballerosamente sus razones. Situó estratégicamente su enorme brazo extendido en el lugar exacto por el que yo debía pasar. El impacto fue terrible. **Perdí el mundo de vista** inmediatamente después de sentir que una losa de mármol de cincuenta toneladas había caído sobre mi frente.

Cuando conseguí abrir definitivamente los ojos estaba, y aún estoy, rodeado de sonidos, de gestos, de gentes que se esconden para agredirme; quieren robar mis ideas, apoderarse de mis sentimientos, **sorber** mi inteligencia, así que he decidido que es mejor ser un lobo solitario. Desperté, decía, en el Sanatorio del que no he salido más que para ir al juzgado a declarar durante el juicio y al parque en el que solemos merendar algunos domingos en primavera, cuando no llueve. Katy no ha venido a verme ni una sola vez, no he vuelto ni a ver mi coche, ni a entrar en el apartamento; he roto definitivamente mis relaciones con el mundo. Vivo aquí. No soy feliz. Soy útil. Mi vida tiene un sentido reservado solo a unos pocos. He vuelto a nacer renovado. Ahora sé que todo fue una prueba del destino para saber si era digno de ser quien soy.

No hablar, no sonreír, no mostrar sentimiento alguno: ser un sujeto impenetrable, impermeable. Escribir mis memorias para el mundo, mostrar a todos los hombres la injusticia que me tiene encerrado y ser un ejemplo a seguir. Quiero ceder a la humanidad mi experiencia, mis conocimientos acerca del mundo, del hombre, del arte de la guerra, de la disciplina del asceta; quiero convertirme en el hombre que enseñará a mis futuros **congéneres** cómo el espíritu, libre o cautivo, puede sobreponerse día a día a la adversidad. Estos son los altos objetivos que ahora ocupan todo mi tiempo, mi vida entera; son los únicos pensamientos que invaden mi privilegiado cerebro.

APÉNDICE

(El documento que a continuación se copia pertenece al archivo policial. Corresponde a una parte del informe presentado por los agentes Sandalio Fernández y Ramiro Sala el día 25 de enero de este año).

Hombre blanco. Estatura, 1,70 m; 37 años; moreno. Con una cicatriz en el dorso de la mano derecha en forma de "V". Dice llamarse Fernando Contreras, con domicilio en esta ciudad, [...]. Conducía un vehículo [...] con el que intentó agredir a los agentes Fernández y Sala en la confluencia de las calles Sur y El Dorado. Como consecuencia del intento de agresión el vehículo policial recibió un golpe en el lado izquierdo, a la altura de la rueda delantera, que no impedía la marcha.

Inmediatamente se inició la persecución. Se observó que la conducta del individuo perseguido parecía sospechosa: **infringía** las normas de circulación, sacaba la cabeza por la ventanilla y dos objetos que después se identificaron como los pies de S.M. salían por la otra ventanilla. Se dio aviso por radio a la central **de cuanto** ocurría.

El vehículo realizó una brusca maniobra de despiste para introducirse en el aparcamiento de la calle El Dorado, n.º 78-80. Una vez allí, los agentes se disponen a reducir al agresor, y observan que transporta en su coche a otro individuo, aparentemente inconsciente, al que deja en el suelo e intenta agredir. Momento en que es reducido, sin oponer resistencia alguna, por el agente Fernández, y conducido hacia el vehículo policial, donde se le leen sus derechos y se le practica el registro reglamentario.

infringir: ir contra las leyes.

de cuanto: de todo lo que.

A simple vista el detenido parecía estar bajo los efectos de algún tipo de drogas, olía muy mal y parecía nervioso. Cuando los agentes se acercaron a él para iniciar el registro empezó a mover primero las manos delante de su cara, después los pies y al final, con cierta violencia, intentó oponerse al registro. El agente Fernández se vio obligado a reducir al detenido cuando intentó, después de un ligero **forcejeo**, escapar corriendo.

Ya en el suelo, los agentes inician el registro, del que se obtienen:

– Reloj de pulsera marca [...]

– Cartera de piel sintética negra con documentación perteneciente al detenido[: ...]

– Cartera de piel marrón perteneciente a S.M.

– Tres **papelinas** que contenían, cada una, dos pastillas de sustancias alucinógenas sintéticas, conocidas como "éxtasis".

– Dos papeles con los nombres de los componentes de los fármacos.

– La dirección de un presunto traficante.

– La lista de la compra.

El detenido fue sometido a un análisis de sangre para determinar científicamente la certeza de la sospecha de los agentes: se encontraron restos de distintas sustancias, confirmándose **el particular.**

El detenido fue inmediatamente ingresado en un sanatorio psiquiátrico para recibir el tratamiento adecuado a su dependencia.

El médico **forense** ha solicitado un reconocimiento psiquiátrico para descartar posibles alteraciones debidas al consumo abusivo de barbitúricos.

EXPLOTACIÓN DIDÁCTICA
EJERCICIOS PARA EL ALUMNO

Lecturas de Español es una colección de historias breves especialmente pensadas para los estudiantes de español como lengua extranjera. Los cuentos han sido escritos, teniendo en cuenta, básica pero no únicamente, una progresión gramático-funcional secuenciada en seis etapas, de las cuales las dos primeras corresponderían a un nivel inicial de aprendizaje, las dos segundas a un nivel intermedio, y las dos últimas al nivel superior. Como resultado de la mencionada secuenciación, el estudiante puede tener contacto con textos escritos "complejos" ya desde los primeros momentos del aprendizaje y puede hacer un seguimiento más puntual de sus progresos.

Las aportaciones didácticas de **Lecturas de Español** son fundamentalmente dos:

- notas léxicas y culturales al margen, que permiten al alumno acceder, de forma inmediata, a la información necesaria para una comprensión más exacta del texto.

- explotaciones didácticas amplias y variadas que no se limiten a un aprovechamiento meramente instrumental del texto, sino que vayan más allá de los clásicos ejercicios de "comprensión lectora", y que permitan ejercitar tanto otras destrezas como también cuestiones puntuales de gramática y léxico. El tipo de ejercicios que aparecen en las explotaciones permite asimismo llevar este material al aula ampliando, de esa manera, el número de materiales complementarios que el profesor puede incorporar a a sus clases.

Con respecto a los autores, hemos querido contar con narradores capaces de elaborar historias atractivas, pero que además sean –condición casi indispensable– expertos profesores de E/LE, para que estén más sensibilizados con el tipo de problemas con que se enfrenta un estudiante de español como lengua extranjera.

Las narraciones, que no se inscriben dentro de un mismo "género literario", nunca **son** adaptaciones de obras, sino **originales** creados *ex profeso* para el fin que persiguen, y en ellas se ha intentado conjugar tanto amenidad como valor didáctico, todo ello teniendo siempre presente al lector, una persona joven o adulta con intereses variados.

PRIMERA PARTE
Comprensión lectora

I. Elige la opción correcta:

a. El protagonista de la historia
- ❏ 1. cree que los objetos de su casa le atacan.
- ❏ 2. se va de su casa porque no le gusta.
- ❏ 3. tiene miedo de que aparezca su jefe.

b. El comportamiento del protagonista es un poco raro porque
- ❏ 1. no tiene dinero para vivir en esa casa.
- ❏ 2. le pone nervioso llegar tarde al trabajo.
- ❏ 3. está loco desde que Katy le dejó.

c. Lo que sabemos del protagonista es que
- ❏ 1. se llama Fernando Contreras, vive solo y es dentista.
- ❏ 2. no sabe cómo se llama, ni tiene trabajo.
- ❏ 3. está separado, vive con su madre y no sabemos su nombre.

d. El transporte público es para el protagonista
- ❏ 1. una solución rápida y barata para acudir al trabajo.
- ❏ 2. algo difícil por tener malas combinaciones.
- ❏ 3. un asqueroso modo de mezclarse con gente desagradable.

e. El accidente que sufre el protagonista sucede cuando
- ❏ 1. su coche choca con otro que se saltó un semáforo en rojo.
- ❏ 2. al saltarse un semáforo atropella a un peatón que cruzaba la calle.
- ❏ 3. un hombre cayó encima de su coche por cruzar incorrectamente.

f. Ante el cuerpo del hombre, el protagonista
- ❏ 1. pide ayuda a los demás peatones y busca un médico.
- ❏ 2. se desespera y lamenta terriblemente su error.
- ❏ 3. se pone furioso y golpea e insulta al pobre herido.

g. El público
- ❏ 1. se acerca amenazador y dispuesto a castigar al protagonista.
- ❏ 2. ignora los hechos e intenta mantenerse al margen.
- ❏ 3. ayuda sin dudarlo a asistir y curar al herido, y llama a una ambulancia.

h. Cuando la policía atrapa al protagonista, este
- ❏ 1. intenta excusarse como puede.
- ❏ 2. trata de escapar.
- ❏ 3. se echa a reír.

i. La historia la cuenta el protagonista
- ❏ 1. desde el hospital psiquiátrico.
- ❏ 4. en la cárcel.
- ❏ 3. de vuelta en su casa.

j. El policía Sandalio, al atrapar a Fernando
- ❏ 1. le golpea por haber estropeado su coche.
- ❏ 2. se abanica la nariz porque el protagonista olía mal.
- ❏ 3. le apunta con su pistola y le ordena detenerse.

k. Al final, el atropellado
- ❏ 1. perdona a Fernando y le invita a cenar.
- ❏ 2. le roba el coche al protagonista.
- ❏ 3. le acusa de intento de asesinato.

l. Al final, sabemos que la detención fue
- ❏ 1. violenta, pues Fernando se resistió ferozmente.
- ❏ 2. pacífica y sin oposición.
- ❏ 3. con una ligera resistencia, fácilmente superada.

II. En el encuentro del protagonista con los dos policías aparece una larga lista de adjetivos. Fíjate cómo han sido usados en el fragmento de la historia, busca su significado en el diccionario y crea una serie de frases aplicando esos adjetivos a personajes famosos (reales o de ficción):

Normal • Corriente • Decente • Correcto
Honesto • Considerado • Retorcido • Tortuoso
Calenturiento • Perverso • Simple • Primitivo

---

1. ....

2. ....

3. ....

4. ....

5. ....

6. ....

7. ....

8. ....

9. ....

10. ....

11. ....

12. ....

III. En el siguiente texto, correspondiente a la página 32, se han suprimido algunos adjetivos. Trata de colocarlos en su sitio correspondiente, atendiendo al sentido.

> Entre tanto, un grupo bastante .... de personas se había acercado hasta el lugar en el que se desarrollaban los hechos; pretendían analizar hasta el más .... detalle de cuanto ocurría a su alrededor. Permanecían quietas, ..., acechando y observando, con la íntima e .... esperanza de ver sangre y vísceras .... por el pavimento. Aquellos seres .... en su aspecto y probablemente en su espíritu, se iban acercando peligrosamente a mí. Naturalmente el tiempo que llevo aquí, ... y solo, me ha permitido meditar mucho acerca de los .... motivos a los que respondía la extraña conducta de aquellos hombres y mujeres .... que seguían allí, sin moverse para nada y sin prestar ayuda alguna, y he formulado dos hipótesis.

IV. A continuación tienes una serie de insultos que aparecen, a veces de dos en dos, en el texto:

Busca equivalentes en tu lengua. ¡Cuidado!, tienes que tener en cuenta que a veces el registro juega un papel muy importante. Pídele ayuda a tu profesor.

- anónimos
- ocultos
- mínimo
- numeroso
- inconfesable
- encerrado
- primitivos
- inmóviles
- derramadas

El último insulto de la lista es considerado vulgar. ¿Conoces otros insultos parecidos? ¿En qué crees que consiste su vulgaridad? ¿Cómo funciona en tu lengua?

- Estúpido enano
- Inútil
- Mentecato
- Parásito
- Idiota
- Memo
- Sarnoso
- Cabrón

SEGUNDA PARTE
Gramática y notas

I. El lenguaje de *La cucaracha*, como habrás advertido, es difícil y muy culto, como corresponde a la personalidad del narrador. Tenemos así la oportunidad de trabajar algunas particularidades del estilo formal en español. Vamos a empezar por la estructura, la coherencia y la cohesión del texto. Fíjate en los siguientes fragmentos de la novela e intenta completarlos con las palabras o expresiones que faltan Si es necesario, puedes utilizar la lista que aparece al final de cada fragmento.

a. Supe que debía levantarme rápidamente, no solo para comprobar que aquello no había sido .... que un sueño, ..., y sobre todo, para no quedarme dormido de nuevo, situación en .... corría el peligro de retomar, como en una segunda parte, aquella pavorosa y acongojante experiencia. (pg. 9)

sino también • más • la que

b. Lo compré .... algunos meses, ... cuando Katy dejó definitivamente mi vida, por .... aún no había conseguido deshacerme de aquel típico gesto, un tanto estúpido, ..., que es el resultado de combinar una especie de sonrisa de satisfacción, ... de quien alcanza su porción de felicidad [...], con la expresión ridícula del arrepentimiento [...]. (pg. 21)

propia • justo • por qué no decirlo • hace • lo que

c. Tomé el frasco de pastillas que guardaba en el bolsillo de la gabardina y .... engullí .... cuatro, quizás seis, ... que más, ... no estoy muy seguro. (pg. 41)

al menos • de un golpe • aunque • es posible

d. Yo seguía partiéndome de risa, ... él, ... más enfurecido, gritaba más y más, y su cara, acercándose peligrosamente a la mía, se
iba tiñendo de un tono .... rosado, ... rojo y
.... morado. .... paró de chillar. (pg. 49)

finalmente • cada vez • primero • mientras • más tarde • de pronto

**II. La ordenación de las ideas es fundamental en español, como en todos
los idiomas. Para ello contamos con una serie de palabras y expresiones,
algunas de las cuales ya has visto en el ejercicio anterior. Intenta ahora
agrupar los siguientes conectores por grupos de significado y uso, y utili-
zarlos en el texto siguiente (puede haber más de una solución).**

Sin embargo	De todos modos	Es decir	Por lo tanto	Por el contrario	En conclusión

O sea • de todas maneras • así pues • en cambio • en definitiva
no obstante • en suma • por consiguiente • con todo • aun así
dicho de otro modo • ahora bien • consiguientemente.

Antiguamente, los habitantes de una población se conocían entre
ellos; .... , en la actualidad, las grandes ciudades provocan el
anonimato. El ciudadano moderno está oculto en la multitud. Puede,
.... , contemplar y hacer cosas que en las sociedades antiguas
serían impensables. .... , esta característica no es sólo positiva;
.... , conlleva muchos elementos que pesan al hombre contemporáneo: la soledad, la angustia, la desorientación. El urbanita es anónimo, ... desconocido y sin raíces. La presión social del cotilleo

ha pasado a ser una presión más invisible, nueva. .... , a pesar de esta presión que rodea al ciudadano, la mayoría considera preferible la libertad que dan las urbes modernas. .... : estamos más solos y más desconcertados, pero valoramos la posibilidad de desaparecer en el cuerpo social. .... , podríamos decir que nos compensa ser un átomo en la multitud.

III. Ahora un ejercicio de estilo. Coloca los adjetivos correspondientes en su sitio, teniendo en cuenta las relaciones lógicas y gramaticales entre ellos. Aunque puede haber más de una solución posible, debes intentar formar la correspondiente a la novela.

1. ...una .... aunque .... inteligencia instalada en un .... cuerpo.

débil • mediocre • diabólica

2. ...que amenazaban con rendir, en cualquier momento, mi .... resistencia, doblegar la .... disciplina que apenas las contenía, y escapar de la cabeza, sin orden ni concierto utilizando la boca como enorme y .... válvula de escape.

férrea • heroica • sonora

3. ...sacrificio y dolor eran términos .... para mí: mi vida .... empezaba a adquirir sentido en el .... instante en que me disponía a violar todas las reglas que hasta hacía muy poco tiempo constituían el objetivo más .... de mi existencia.

preciso • preciado • cotidianos • entera

4. ...que ni una sola de mis herramientas culinarias había abandonado, por voluntad .... o .... la posición .... y .... que la noche anterior les había dado personalmente.

ajena • precisa • exacta • propia

5. ...debía decidir qué era lo más importante: la voluntad o el placer; la disciplina .... y el orden .... , o el deseo .... y el instinto ....

racional • irracional • primitivo • lógico

IV. ¿Fácil? Vamos a continuar. Como habrás visto, el protagonista narrador tiene la costumbre de emplear muchas palabras para decir lo que se podría decir con menos. Veamos si puedes definir con un solo verbo las siguientes acciones.

Texto del libro	Verbo
• ...el duro proceso de transformación que conseguía llevar al primitivo y despeinado ser que salía medio encorvado del lecho, hasta el hombre erguido, pulcro y descuidadamente elegante que debía presentarse ante el mundo.	
• ...recubre nuestros músculos de una repugnante capa de grasas, viscosa y amarillenta, que nos da el aspecto de una ristra de chorizos deformes.	
• ...introducirse voluntariamente en una caja, provista de un mecanismo desconocido y oculto, para violar las leyes de la gravedad y desplazarse en sentido vertical.	
• ...así que tomé posición bajo el chorro del agua, cogí el jabón y la esponja...	
• ...no dejar escapar ni un solo átomo de la nicotina o el alquitrán contenidos en la repugnante colilla que colgaba de sus labios.	

V. El vocabulario explicado en las notas es muy amplio y de un carácter mayoritariamente culto. Vamos a intentar aclarar cosas. Empieza relacionando las palabras de la columna de la izquierda con las de la derecha; ten en cuenta que la búsqueda no solo se refiere a significados iguales, sino parecidos o relacionados.

1. irreparable •	• **a.** aplomo
2. devorar •	• **b.** forcejear
3. contraer •	• **c.** ineludible
4. escaramuza •	• **d.** descabellada
5. susurrante •	• **e.** engullir
6. intuir •	• **f.** insinuante
7. esparcido •	• **g.** saliva
8. babas •	• **h.** escozor
9. porrazo •	• **i.** fruncir
10. insensatez •	• **j.** embestir
11. coraje •	• **k.** desparramado
12. escalofrío •	• **l.** murmullo

¿Con qué palabras de este ejercicio relacionarías estas otras, también presentes en *La cucaracha*?

irremisible	desmoronar	escupir

VI. Finalmente, busca entre las siguientes palabras las que mejor se correspondan con las siguientes expresiones, que son casi frases hechas en español.

imperiosa • flaquear • ensordecedor • paradisíaco • esquivar
ancestral • calenturienta • férrea • sorber • infringir

ruido .... las leyes
.... la sopa   .... el golpe
sitio ....   imaginación ....
costumbre ....   disciplina ....
.... las fuerzas   .... necesidad

TERCERA PARTE
Expresión escrita

I. En el siguiente texto, correspondiente a la página 25 de *La cucaracha*, se narra uno de los elementos cotidianos de la vida de Fernando Contreras. ¿Podrías redactar los anuncios radiofónicos a los que se refiere?

Como todos los días, lo primero que hice al subir al coche fue poner la radio en marcha. El locutor ofrecía, entre canción y canción, seguros de automóviles a buen precio; grandes ofertas en los supermercados y viajes increíbles a lugares paradisíacos en donde señoritas y señores, ligeramente vestidos y suavemente recostados sobre tropicales palmeras cargadas de cocos desafiantes, se mostraban espléndidos y voluntariosos.

II. Para muchas personas, la profesión del protagonista de la historia, dentista, suele tener asociaciones negativas. Imagina que después de una de tus visitas al dentista, decides escribirle un correo electrónico a un amigo/una amiga tuya para contarle la experiencia.

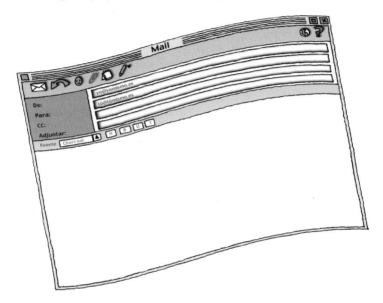

III. Entre los muchos problemas a los que se enfrenta el protagonista de la historia, está el del transporte público y el uso del coche en la ciudad. Dividid la clase en grupos de 3, decidid quién defiende qué postura y escribid pequeños artículos de opinión a favor o en contra del transporte público. Intercambiadlos con vuestros compañeros y, como si se tratara de "Cartas al director", responded defendiendo la postura contraria a la que defienden vuestros compañeros. Después ponedlo en común entre todos.

IV. En el siguiente texto asistimos a las palabras no muy simpáticas ni edu-
cadas del jefe del protagonista. Te proponemos que cambies sus formas
y escribas de modo más formal sus palabras.

> *– i... y mi primo vive en el tejado del parlamento con la bailarina Fina!*
> *¡Otra vez andas colgado! ¡Estoy hasta las pelotas de ti! Pues se acabó: es-*
> *ta es la última vez que llegas una hora tarde, la próxima vez no quiero ni*
> *verte. No te preocupes –sonreiría maliciosamente–, yo personalmente*
> *enviaré tus cosas... al carajo. ¡Que me chupo el dedo, vamos... que soy*
> *imbécil y trago! ¡Esto es la leche...! –seguiría diciendo al alejarse por el*
> *pasillo hacia la cabina en la que seguramente estaría torturando a uno*
> *de sus pacientes favoritos.*

V. El protagonista de la historia dice ser imparcial y objetivo. Pero su historia podría ser contada de forma muy diferente por otra persona. Resume
en unas líneas la historia desde tu punto de vista.

....

....

....

....

....

....

....

....

....

....

....

....

....

....

....

VI. Como sabes, los periodistas suelen conseguir todo tipo de información. Imagina qué noticia podría aparecer en un periódico sensacionalista si un periodista sin escrúpulos que se hubiera enterado de la noticia llegara a entrar en el archivo policial. Inventa el titular y el artículo.

CUARTA PARTE
Expresión oral

I. La novela que has leído trata en cierto modo sobre los problemas de personalidad que provoca vivir en una gran ciudad. ¿Cómo creéis que afecta esto a las personas y qué soluciones se podrían dar? Discutidlo entre vosotros.

II. Cuando el protagonista atropella al peatón no se comporta precisamente de forma muy solidaria; esto sucede frecuentemente. ¿Habéis tenido alguna experiencia similar? ¿Cuál creéis que es la forma correcta de comportarse? ¿Es justificable algunas veces huir de un accidente?

III. En la historia se habla de pesadillas y de sueños. Comparte uno de tus mejores sueños y una de tus peores pesadillas con tus compañeros. Comenta con ellos qué te impresionó más en cada uno de ellos.

IV. El personaje principal comenta en un cierto momento que todo lo que le ocurrió acabó en *"una desconsolada y terrible depresión"*. La depresión parece que es uno de los grandes males de finales del siglo XX y principios del siglo XXI. En grupo con tus compañeros, intentad encontrar los motivos que en vuestra opinión pueden conducir a la depresión. ¿Es algo que puede sucederle a cualquiera? ¿Tiene algún tipo de remedio?

SOLUCIONES

Antes de empezar a leer
5. 1. b; **2.** e; **3.** f; **4.** g; **5.** j; **6.** i; **7.** c; **8.** d; **9.** h; **10.** a.

Comprensión lectora
I. **a.** 1; **b.** 3; **c.** 1; **d.** 3; **e.** 2; **f.** 3; **g.** 1; **h.** 3; **i.** 1; **j.** 2; **k.** 2; **l.** 1.

III. numeroso; mínimo; inmóviles; inconfesable; derramadas; primitivos; encerrado; ocultos; anónimos.

Gramática y notas
I. **a.** más / sino también / la que.
   b. hace / justo / lo que / por qué no decirlo / propia.
   c. de un golpe / al menos / es posible / aunque.
   d. mientras / cada vez / primero / más tarde / finalmente / de pronto.

II. **Sin embargo:** no obstante / ahora bien.
   De todos modos: de todas maneras / con todo / aún así.
   Es decir: o sea / dicho de otro modo.
   Por lo tanto: así pues / por consiguiente / consiguientemente.
   Por el contrario: en cambio.
   En conclusión: en suma / en definitiva.

Antiguamente, los habitantes de una población se conocían entre ellos; **en cambio**, en la actualidad, las grandes ciudades provocan el anonimato. El ciudadano moderno está oculto en la multitud. Puede, **por consiguiente**, contemplar y hacer cosas que en las sociedades antiguas serían impensables. **Ahora bien**, esta característica no es sólo positiva; **por el contrario**, conlleva muchos elementos que pesan al hombre contemporáneo: la soledad, la angustia, la desorientación. El urbanita es anónimo, **es decir** desconocido y sin raíces. La presión social del cotilleo ha pasado a ser una presión más invisible, nueva. **Con todo**, a pesar de esta presión que rodea al ciudadano, la mayoría considera preferible la libertad que dan las urbes modernas. **Dicho de otro modo**: estamos más solos y más desconcertados, pero valoramos la posibilidad de desaparecer en el cuerpo social. **En conclusión**, podríamos decir que nos compensa ser un átomo en la multitud.

III. **1.** mediocre / diabólica / débil.
2. heroica / férrea / sonora.
3. cotidianos / entera / preciso / preciado.
4. propia / ajena / exacta / precisa.
5. racional / lógico / irracional / primitivo.

IV. arreglarse, asearse... / engordar / subir en ascensor / ducharse / fumar.

V. **1.** c; **2.** e; **3.** i; **4.** b; **5.** l; **6.** f; **7.** k; **8.** g; **9.** j; **10.** d; **11.** a; **12.** h.
irremisible: 1-c; **desmoronar:** 7-k; **escupir:** 8-g.

VI. ruido ensordecedor / sorber la sopa / sitio paradisíaco / costumbre ancestral / flaquear las fuerzas / infringir las leyes / esquivar el golpe / imaginación calenturienta / disciplina férrea / imperiosa necesidad.

LECTURAS GRADUADAS

HISTORIAS DE HISPANOAMÉRICA

HISTORIAS PARA LEER Y ESCUCHAR (INCLUYE CD)

Niveles:

E-I → Elemental I	E-II → Elemental II	I-I → Intermedio I	I-II → Intermedio II	S-I → Superior I	S-II → Superior II